退化耕地治理
技术模式

农业农村部农田建设管理司
农业农村部耕地质量监测保护中心 ◎ 编著

中国农业出版社
北 京

编 委 会

主　　任：郭永田　谢建华　陈章全　李　荣
副 主 任：杨　帆　董　燕　贾　伟　袁晓奇
委　　员：矫　健　胡　炎　杨　宁　崔　勇
主　　编：杨　帆　贾　伟　董　燕　袁晓奇
副 主 编：胡　炎　杨　宁　崔　勇　矫　健
编写人员：（按姓名笔画排序）

丁建莉	卜容燕	于洪伟	广　敏	马　艳	马军伟	马红嫒
王　飞	王　玉	王　伟	王　杰	王　卓	王　珂	王　婧
王　慧	王　磊	王　璐	王介勇	王立春	王光飞	王志远
王志春	王丽英	王丽娟	王秀斌	王应学	王明明	王建国
王玲欣	王树玉	王跃飞	王绪奎	王雅君	车宗贤	仇美华
文石林	尹　梅	尹阳明	孔亚丽	艾玉春	左　强	左明湖
叶　奇	田长彦	史习建	史君怡	代东明	付利波	冯经琼
冯钟慧	巩细民	乔志刚	伍　娟	伏成秀	任　军	任永峰
向　楠	邬奇峰	刘　波	刘　敏	刘　淙	刘　淼	刘方明
刘玉婷	刘志平	刘宏金	刘建香	刘剑钊	刘桂华	刘晓霞
刘恩科	刘彩玲	刘鸿宇	刘淑桥	刘慧涛	安丰华	字春光
买文选	纪　程	孙　磊	孙云云	孙秀琳	孙崇凤	严　君
杜文波	杜辉辉	杨　宁	杨　帆[1]	杨　帆[2]	杨昊谕	杨茜雯
杨艳鲜	杨振兴	李　文	李　华	李　荣	李　艳	李　硕

---

　　[1]本书主编，工作单位为农业农村部耕地质量监测保护中心；[2]本书编者，工作单位为中国科学院东北地理与农业生态研究所。

李　敏	李　斐	李玉义	李玉梅	李伟强	李青彦	李泽红
李树全	李晓彬	李清华	李模其	李燕婷	吴华山	吴雪琨
吴腾飞	何小林	何春梅	余秋华	邹文秀	邹洪涛	辛　欣
汪吉东	宋杭霖	宋昌海	宋修超	张　木	张　华	张　科
张　洁	张　培	张　辉	张　璐	张世昌	张仙梅	张永春
张向前	张会民	张亦涛	张兴义	张江周	张军政	张均华
张怀志	张宏宇	张宏媛	张国刚	张国辉	张建发	张树兰
张晓霞	张淑媛	张敬敏	张翠英	张德健	陆欣春	陆冠茹
陈　华	陈　旭	陈立宇	陈志军	陈松圣	陈俊辉	陈检锋
陈章全	陈雅玲	陈冀阳	武　际	武　岩	武雪萍	林　琼
郁　洁	易妍睿	罗　军	罗　佳	罗　喆	罗小军	金　江
金　梁	金　辉	周　清	周怀平	郑　敏	郑金玉	郑普山
宗晓波	赵　帅	赵　军	赵小庆	赵秉强	赵洪祥	赵振勇
胡　炎	胡　钰	柳开楼	钟守琴	邰翻身	段国康	侯中华
侯瑞星	姜英君	姜洪进	贺丽燕	骆　生	骆赞磊	秦　华
袁　亮	袁立明	袁晓奇	袁静超	都韶婷	聂朝阳	贾　伟
贾艳红	倪九派	徐　扬	徐　晨	徐　聪	徐明岗	高　明
高玉山	高倩玉	郭　凯	郭天文	郭世乾	郭永田	郭全恩
郭明明	郭德杰	唐　杉	黄　山	黄　峻	黄巧义	黄功标
黄立华	黄建凤	黄新琦	黄毅斌	曹诗瑜	崔　勇	崔淑巧
崔增团	矫　健	梁　丰	梁　尧	梁正伟	梁永红	董　燕
董文斌	蒋健民	韩　上	韩晓增	程文龙	程玉臣	程永钢
程巍东	曾招兵	温延臣	谢建华	谢德体	靳洋洋	虞轶俊
路战远	解文艳	窦金刚	蔡红光	蔡泽江	蔡珊珊	蔡祖聪
廖丽莉	廖诗传	廖建武	廖晓勇	颜士敏	薛　鹏	冀宏杰
戴文举	魏　丹	魏　灵	魏朝富			

前言

　　耕地是粮食生产的命根子，真正实现"藏粮于地"，需要高质量的耕地。我国耕地质量整体水平不高，区域性退化势头尚未得到有效遏制，耕地质量建设面临的形势依然严峻。2023 年 7 月，习近平总书记在中央财经委员会第二次会议上强调，粮食安全是"国之大者"，耕地是粮食生产的命根子，要落实藏粮于地、藏粮于技战略，切实加强耕地保护，全力提升耕地质量。

　　为贯彻落实中央财经委员会第二次会议精神，农业农村部农田建设管理司和耕地质量监测保护中心组织对 2022 年面向全国征集的、已在较大区域内推广应用的土壤改良、提升耕地地力的综合技术模式进行了筛选、修改、完善，最终形成 5 大类 43 个技术模式。其中，酸化耕地治理技术模式 12 个、盐碱耕地治理技术模式 10 个、黑土地保护利用技术模式 11 个、北方地力提升技术模式 4 个、南方贫瘠培肥技术模式 6 个。每个技术模式包括针对的主要问题、技术措施原理、适用范围、操作要点、已推广面积（具体区域、取得成效）、典型案例材料和效益分析等 7 部分，方便基层农业农村部门、新型农业经营主体和广大农民参考、借鉴，助力耕地质量保护提升。

编　者

2023 年 10 月

目录

酸化耕地治理技术模式

皖南皖西酸化耕地治理与
地力提升技术模式

1 解决的主要问题

安徽省 pH<5.5 的酸化耕地面积 1 729.80 万亩*，占耕地总面积 20.79%，集中分布于皖南和皖西。此区域中低产田存在土壤酸化、贫瘠化、耕层浅薄等问题，严重影响了区域粮食产量与环境安全。

2 技术原理

通过石灰类物质精准施用降酸、有机肥替代阻控土壤酸化、绿肥/秸秆还田/钙镁磷肥/耕作等配套措施控酸培肥技术，构建以"降、阻、控"为核心的区域酸化中低产田产能提升关键技术，实现耕地酸化防治、土壤肥力提升与作物增产稳产协同发展。

3 适用范围

安徽南部和西部的酸化耕地（pH<5.5）。

4 操作要点

4.1 土壤改良剂选择及用量

一般耕地土壤 pH 4.5～5.5 时，外源矿物消减还原性物质施用量：白云石 50～100 千克/亩、沸石 50～100 千克/亩、粉煤灰 100～200 千克/亩；pH<4.5 时可适当增加用量。其中，白云石粒径以 60 目（0.25 毫米）降酸效果最佳。

4.2 化学肥料选择

充分利用测土配方施肥技术，合理确定肥料用量，防止化肥特别是氮肥的过量施用。

＊ 亩为非法定计量单位，1 亩＝1/15 公顷。——编者注

选择合适的肥料品种，尽量避免施用酸性和生理酸性肥料（如过磷酸钙、磷酸二氢铵、硫酸铵等）。其中，磷肥推荐钙镁磷肥，建议用量40～50千克/亩。

4.3 有机物料投入

4.3.1 秸秆还田＋有机肥施用

后茬作物种植前，前茬作物秸秆全量粉碎还田，将有机肥、钙镁磷肥及其他化学肥料均匀撒入土壤进行翻耕，使其与耕层土壤充分混合。商品有机肥应符合NY/T 525—2021《有机肥料》的规定，推荐施用量200～300千克/亩，建议选择知名品牌产品。

秸秆还田＋有机肥施用

4.3.2 秸秆还田＋冬季绿肥翻压

水稻收获后留茬30～40厘米，其余秸秆粉碎后，在绿肥（以紫云英为例）鲜草盛花期翻压还田，土壤调理剂/钙镁磷肥也一同施用翻压。绿肥翻压时间：直播稻提前7～10天，移栽稻提前10～15天。绿肥鲜草翻压量：直播稻1 000～1 500千克/亩，移栽稻2 000～3 000千克/亩。绿肥翻压深度：15～20厘米。

秸秆还田＋冬季绿肥翻压

4.4 耕作及轮作制度优化

结合调理剂施用或绿肥翻压，每年至少深翻耕 1 次，翻耕深度 15～20 厘米。优化轮作制度，酸化严重地区可改双季稻轮作为水旱轮作，或采用冬季用养结合。

5 已推广面积、具体区域、取得成效

2000 年以来，酸性土壤改良相关技术分别在宣城、安庆等市累计推广 600.4 万亩，且通过核心示范区的辐射和带动，推动和加速皖南黄红壤地区的农业综合开发以及可持续发展。2020 年开始，根据农业农村部办公厅《关于做好 2020 年退化耕地治理与耕地质量等级调查评价工作的通知》，安徽省作为全国首批开展酸化耕地治理试验示范的 13 个省份之一，在皖南（湾沚、广德、歙县）和皖西（舒城、怀宁）5 个项目县酸化耕地上已建设试验示范区 15.05 万亩，项目区耕地质量平均等级提高了 0.23 等，pH 平均增加了 0.33，取得了显著成效。

6 典型案例材料

"秸秆还田＋钙镁磷肥＋紫云英"技术模式主要在湾沚区开展试验示范：结合紫云英等绿肥种植利用、施用钙镁磷肥等酸化耕地治理技术措施，实现了再生稻绿色优质生产，取得显著经济、生态、社会效益，再生稻产业已发展成为湾沚区优质专用粮食生产的新名片。

"秸秆还田＋土壤调理剂＋有机肥"技术模式主要在舒城县、广德市、歙县开展试验示范：将酸化耕地治理与高标准农田建设项目或耕地质量保护与提升暨化肥减量增效示范项目紧密结合，协同开展，在酸化治理的基础上实现了肥沃耕层构建，显著提高了当地耕地质量水平。

7 效益分析

以湾沚区"绿肥—中籼稻—再生稻"模式为例，在实现化肥减量增效的同时，生产的再生稻市场销售价格为每千克 7～8 元，比传统优质大米售价高 40％以上。与传统的"油（麦）—稻"模式相比，该模式的应用每亩可增收 200～300 元。通过紫云英-再生稻大米品牌的推广，随着消费者认可度的提高，亩均效益将进一步得到提升。同时，通过培育农村科技带头人和示范户，开展酸化耕地治理技术示范，带动和辐射建设区广大农民科学种田，提高农民收入，促进农村经济健康、快速发展。

（程文龙　唐杉　程巍东　武际　史习建　韩上　李文　卜容燕　李敏　王慧）

三熟区稻田酸化土壤生态改良与培肥技术模式

1 解决的主要问题

广东省耕地土壤平均 pH 约 5.5，其中 pH 4.5～5.5 的酸性耕地占全省耕地面积近 60%。此外，土壤脱硅富铝化作用强烈，土壤中的酸多以交换性铝（潜性酸）的形式存在，单纯以酸碱中和方式改良后易返酸，难以有效治理。

2 技术原理

该技术模式集成以"降、阻、控"为核心的酸性土壤综合治理新方法，包含基于无机碱性改良剂中和活性酸，快速将土壤 pH 提升至适宜作物生长范围之内的"降酸"过程；结合投入有机物料（秸秆还田/绿肥还田）减缓潜性酸（交换性酸、水解性酸）释放，稳定土壤 pH 的"阻酸"过程；从平衡施肥层面减缓化学肥料持续造成土壤酸化危害因子产生的"控酸"过程。

3 适用范围

适用于三熟制模式下耕地土壤 pH 小于 5.5 的双季稻种植区域。

4 操作要点

以稻—稻—绿肥三熟制模式为一个轮作种植周期。操作流程如下：①水稻种植季，采用配方肥进行平衡施肥，其中早稻及晚稻收获时秸秆粉碎还田；②在晚稻收获后种植绿肥，在绿肥盛花期进行还田处理；③碱性改良剂在水稻种植前备田阶段施用，亦可结合绿肥还田旋耕阶段施用。

4.1 双季稻轻简栽培

双季稻栽培以水稻配方肥为载体进行平衡施肥，采用轻简化栽培。华南地区广泛种植的常规稻品种（丝苗），每亩氮（N）投入量 8～10 千克、磷（P_2O_5）投入量 2.5～3 千克、钾（K_2O）投入量 7～9 千克。高产杂交稻品种，可根据目标产量及地力水平调整。

施用过程中可结合机械化侧深施肥，通过对肥料进行深施，以提升肥料利用效率。

4.2　双季稻秸秆还田

双季稻收获时，可采用带粉碎装置的收割机进行收获，使秸秆长度处在 5 厘米以下。早稻与晚稻间空窗期较短，亦可结合采用无人机喷撒秸秆腐熟剂，加快秸秆腐熟过程。通过翻耕犁田，与土壤充分混匀。

水稻收割、秸秆粉碎还田及喷撒秸秆腐熟剂

4.3　绿肥栽培及还田

绿肥栽培时播种量可根据品种类型，按常规用量确定即可，尽量选择豆科绿肥。晚稻收获秸秆还田之后，可对土地进行简单平整，亦可选择免耕栽培。冬种季节严重缺水或节水灌溉区域，可实施免耕栽培，在晚稻灌浆中后期采用无人机直接播撒绿肥种子，充分利用田间墒情，促进绿肥种子萌发。水稻收获时机器拟定行车路线，尽量减少对绿肥青苗的碾压。绿肥可选择在盛花期还田，采用大型机械进行粉碎翻压还田，使秸秆长度保持在 10 厘米以下。通过翻耕犁田，与土壤充分混匀。

绿肥播种栽培及翻压还田

4.4　增施碱性改良物料

碱性改良物料可在早稻翻耕犁田阶段施用，或者结合绿肥旋耕还田施用，根据土壤

pH 上升情况施用，当土壤 pH 达到 5.5 以上时可暂停施用。在绿肥旋耕还田阶段，同步撒施碱性石灰质物料，使碱性物料与绿肥秸秆充分混于土层之中。根据土壤理化性状以及改良要达到的目标 pH（5.5＜pH≤6.5），并结合耕地土壤当前的 pH，选用适宜的碱性物料用量，可参考下表：

耕层土壤 pH（0～20 厘米）提高 1 个单位的碱性物料用量

有机质含量	生石灰（千克/亩）		熟石灰（千克/亩）	
	沙土/壤土	黏土	沙土/壤土	黏土
有机质含量＜20 克/千克	187	233	253	260
20 克/千克≤有机质含量＜50 克/千克	200	253	273	293
有机质含量≥50 克/千克	220	287	313	340

注：石灰质改良酸化土壤技术规范 NY/T 3443—2019。

田间撒施改良剂

4.5 注意事项

碱性物质不可与化学肥料同时施用，以免造成肥料氮素挥发损失，在施用上要间隔 7 天以上。可采用市售商品改良剂，也可选择生石灰（氧化钙）或者熟石灰（氢氧化钙）作为改酸物料。

5 已推广面积、具体区域、取得成效

该项技术 2014—2021 年开始在乐昌、仁化、曲江区、南雄、英德、阳山、连州、惠城区、龙门、五华、增城、台山、开平、廉江、遂溪、雷州等地推广应用，技术模式累计推广应用面积 1 600 多万亩。

6 典型案例材料

乐昌市地处广东省北部山区，属中亚热带季风区，光热水资源丰富，为改善耕地土壤酸化现状、提高农产品产量及品质，在秸秆还田及科学施用碱性改良剂的基础之上，大力推广种植绿肥，并逐渐将绿肥品种由原来单一的紫云英逐渐发展到紫云英和油菜并举的态

势。通过绿肥还田，提高了土壤有机质含量和酸缓冲性能，并且增加了土壤微生物种群多样性，有效改善耕地土壤质量。

7 效益分析

7.1 经济效益

该技术模式相比传统模式，周年耕种成本每亩增加约 80 元，但周年稻谷收益每亩提升 252 元，周年净收益每亩增加 172 元。

周年经济效益分析（元/亩）

项目		传统模式	该模式
早稻种植	翻耕备田	120	120
	肥料及施用	230	160
	早稻插秧	60	60
	收割及秸秆粉碎	90	110
晚稻种植	翻耕备田	120	120
	肥料及施用	230	160
	晚稻插秧	60	60
	收割及秸秆粉碎	90	110
绿肥种植	种子及播撒	—	50
	翻压还田	—	130
成本支出	总计	1 000	1 080
周年收益	稻谷收益	2 520	2 772
	年净收益	1 520	1 692
	增收	—	172

注：双季稻区域广泛种植的丝苗米稻谷单价约 3.6 元/千克，传统模式稻谷亩产量约为 700 千克，该技术模式下亩增产 10% 约为 770 千克。

7.2 社会效益

该技术模式有助于促进耕地质量提升，增加粮食产量，能有效促进农民增收、农业增效，助力乡村振兴，巩固脱贫攻坚成果。

7.3 生态效益

该技术模式提升了土壤有机质、速效钾及有机氮含量，土壤物理、化学及生物学性状均得到显著提高，有助于构建健康的土壤养分环境，具有良好的生态效益。

（张木　戴文举　曾招兵　黄巧义　吴腾飞　黄建凤）

稻—稻—菜水旱轮作制度下酸化
土壤改良与培肥技术模式

1 解决的主要问题

　　稻—稻—菜水旱轮作制度下冬种蔬菜季化肥用量偏多，土壤氮磷养分盈余，土壤平均pH约为5.0，95%的耕地土壤pH低于6.5，土壤酸化已成为该类型耕地质量退化的突出问题。

2 技术原理

　　通过养分综合调控，降低周年总化肥用量；通过增施碱性物料，抑制土壤酸化，改良土壤理化性状；通过有机物料投入，提高土壤有机质含量，改善土壤微生物活性，提高土壤保水保肥性能和养分有效性。构建以早稻季氮磷减施，冬种蔬菜季增施石灰和有机肥为核心的耕地土壤改良与培肥技术体系，解决稻—稻—菜水旱轮作制度下耕地土壤养分不平衡、酸化、有机质含量下降等耕地退化问题。

3 适用范围

　　适用于广东省耕地土壤pH小于5.5的稻—稻—菜水旱轮作区。

4 操作要点

　　以一年为一个轮作和耕作周期。3—6月种植早稻，早稻氮磷减施20%和秸秆粉碎腐熟还田；7—10月种植晚稻，晚稻秸秆半量离田半量还田；11月至翌年3月冬种蔬菜，进行土壤酸化改良和有机培肥。其操作要点包括以下几项：

4.1 早稻氮磷减施结合秸秆腐熟还田

　　早稻种植期间，氮磷施用量减少20%，采用一次性侧深施肥技术施用，提高肥料施用效率。早稻成熟收获季节，采用加装了秸秆粉碎抛撒装置的水稻收割机进行收割，实现秸秆粉碎和均匀抛撒，留茬高度≤15厘米，稻秆切碎长度≤8厘米，抛撒均匀度≥80%，合格率≥95%。然后采用人工撒施或者无人机撒施方式施用秸秆腐熟剂，并用大马力旋耕机进行旋耕整地作业，粉碎稻茬，并使秸秆与土壤充分混合，旋耕深度≥15厘米，稻茬粉碎率≥95％，埋茬深度≥10厘米。

早稻秸秆高效腐熟还田作业

4.2 晚稻秸秆半量离田半量还田

晚稻成熟收获季节，水稻收割机进行收割作业时，留茬35～40厘米，将50％左右的秸秆切割下来；采用秸秆捡拾打捆机将稻草收集打包成捆离田，用于饲料化、肥料化、基料化等利用；然后采用秸秆粉碎还田机将稻茬粉碎还田，稻茬粉碎率95％以上，秸秆切碎长度≤8厘米，秸秆分布均匀率≥80％，合格率≥90％。

晚稻秸秆半量离田半量还田

4.3 冬种蔬菜土壤酸化改良和有机培肥

4.3.1 土壤酸化改良

冬种蔬菜季耕地土壤 pH 下降幅度最大，土壤酸化最突出。为改良耕地土壤酸化问题，采用增施碱性物料的改良措施。碱性物料采用含钙镁氧化物、氢氧化物、碳酸盐和硅酸盐等物质的石灰、白云石、土壤调理剂，在冬种蔬菜移栽前 3 天撒施于土表。根据土壤 pH 和目标 pH 确定碱性物料施用量。广东省稻—稻—菜水旱轮作区的土壤有机质含量一般低于 20 克/千克，不同质地土壤提高 1 个 pH 单位的耕层土壤碱性物料施用量参见下表。当土壤酸化改良目标大于或小于 1 个 pH 单位时，应根据实际调整值按比例调整碱性物料施用量。

不同质地土壤提高 1 个 pH 单位的碱性物料施用推荐量（千克/亩）

土壤质地	生石灰	熟石灰	白云石	石灰石
沙土/壤土	180	250	450	385
黏土	230	260	490	430

机械撒施土壤酸化改良物料

4.3.2　有机培肥

　　冬种蔬菜季有机碳和微生物多样性下降明显，为提高耕地地力，采用增施有机肥的方式进行培肥。有机肥采用腐熟的农家肥或者商品有机肥，用量为 500～1 000 千克/亩和 250～500 千克/亩，在整地前撒施于土表，然后再开沟作畦，将有机肥覆盖于土表下。

4.4　注意事项

4.4.1　冬种蔬菜后轮作早稻，土壤氮磷养分含量较高，适当控制水分，避免漫灌漫排，减少养分流失。

4.4.2　早、晚稻肥料施用后 3～5 天，不可排水，避免养分流失，且中期晒田不宜过干。

4.4.3　秸秆粉碎还田过程中需选用质量好、粉碎效果好的秸秆粉碎还田机，尽量将秸秆破碎至 8 厘米左右，保证秸秆深混还田的效果。

4.4.4　进行水稻秸秆捡拾打捆作业时水稻田块应处于相对干硬的状态，防止打捆机下陷。

5 已推广面积、具体区域、取得成效

该技术模式已在广东省台山市、惠州市、珠海市、阳江市和广州市等大面积推广应用，从 2015 年至今累计推广面积 1 200 万亩，土壤 pH 平均提高 0.20 个单位，有机质平均增加 1.36 克/千克，耕地地力提升 1 个等级，氮肥利用率提高 10%，经济效益提高了 800 元/亩以上。

6 典型案例材料

广东省惠州市"稻—稻—梅菜"三熟种植模式历史悠久、效益高，但由于长期大量施用化肥，耕地土壤酸化问题严重，显著影响作物产量和品质。为了解决上述问题，惠州市从 2018 年开始推广应用该技术模式，取得了显著成效：土壤 pH 提高了 0.25 个单位、有机质含量提高了 1.53 克/千克以上，早稻、晚稻和梅菜分别平均增产了 7.66%、4.58% 和 19.24%。

7 效益分析

7.1 经济效益

与传统模式相比，该模式增加了晚稻秸秆打捆离田和晚稻秸秆粉碎还田作业，农机作业成本增加了 140 元/亩；与常规种植方式相比，该模式早稻的氮磷用量减少了 20%，冬种蔬菜的氮钾用量减少了 10%，化肥成本降低了 100 元/亩；与传统模式相比，该模式早稻、晚稻和冬种蔬菜平均增收了 120 元/亩、170 元/亩和 550 元/亩，合计增加收入 840 元/亩。综上，该模式较传统模式增收节支 800 元/亩。

种植效益分析

作　　物		成本增减（元/亩）	效益增减（元/亩）
早稻	传统模式	0	0
	该模式	−30	120
晚稻	传统模式	0	0
	该模式	+140	170
冬种蔬菜	传统模式	0	0
	该模式	−70	550
合计	该模式	+70	840

注：成本增减是指该模式在农机和施肥方面的成本与传统模式相比较，晚稻收益包括稻谷和秸秆收入。

7.2 社会效益

该技术模式减少了化肥施用总量，提高秸秆利用效率，杜绝了秸秆焚烧，改良土壤酸化问题，提高耕地肥力，实现节本增效、农民增收。

7.3 生态效益

该技术模式综合利用秸秆和畜禽粪污等有机农业废弃物，促进农业绿色生产，有利于净化农村环境，助力美丽乡村建设。

（黄巧义　曾招兵　张木）

广西种植绿肥提升耕地
地力技术模式

1 解决的主要问题

广西属于热带季风气候、亚热带季风气候区，大部分地区气候温暖、热量丰富、雨水丰沛。山多地少、耕地瘠薄加上南方地区复种指数高造成土壤养分消耗大、土壤理化性状恶化，中低产田（地）面积占耕地总面积的80%左右。通过种植绿肥就地还田，能够有效增加土壤养分，减少化肥施用，改善土壤理化性状，提高土壤肥力，提升耕地质量。

2 技术原理

绿肥富含有机质，同时还含有农作物生长发育所需的氮、磷、钾等各种营养元素。通过种植绿肥，在绿肥生物产量最高、养分含量最丰富的盛花期前后进行绿肥鲜草翻沤还田，相当于直接向耕地提供大量的养分，有利于土壤有机质的更新和积累，促进养分循环利用并改善土壤结构，改善土壤生态环境，达到改良土壤、培肥地力的目的。

3 适用范围

广西全境春夏秋冬均适合种植绿肥，一般以利用冬闲田进行冬种绿肥居多，具体为：桂北、桂东北、桂西北和桂中部分市县以种植红花草、茹菜、油菜等绿肥为主；桂西、桂西南和桂东南以种植苕子、红花草等绿肥为主。

4 操作要点

一般包含播种、田间管理和适时翻压。

4.1 绿肥播种

4.1.1 苕子和红花草播种

苕子和红花草的播种技术相似。

（1）种子处理　播种前进行了半天晒种并用细沙擦种，确保绿肥种子的发芽率。然后将种子进行根瘤菌接种，播种时每亩用土杂肥 10 千克左右拌种，然后一起撒播。

（2）适时播种　适时播种和播足种量，一般采用稻底播种，时间在 9 下旬或 10 月初，绿肥苗稻底共生期 20～25 天，每亩播种量 1.5～2 千克，播种时保持田面湿润或有薄水层，做到薄水播种、胀籽排水、见芽落干、湿润扎根。

4.1.2 茹菜播种

茹菜播种以 10 月下旬至 11 月中旬为宜，以条播和点播方式为主，条播行距 35～40 厘米，点播行穴距离 40 厘米×20 厘米，一般每亩用种 1～2 千克。茹菜种子可用适量磷肥、草木灰、火灰土、腐熟厩肥等与细土拌匀播种。

绿肥混播可提高绿肥鲜草产量和肥效，提倡茹菜掺入适量的红花草、苕子、油菜等混播。

4.2　绿肥田间水肥管理

4.2.1　苕子和红花草田间水肥管理

（1）开好排灌沟　绿肥冬怕干旱、春怕渍水。因此，开沟灌、排水是种植绿肥成败的关键。在晚稻收割后及时开沟，根据田块大小，酌情开好环田沟、破心沟和厢沟，一般厢宽 3 米左右，做到沟沟相通，便于排灌。冬季遇天旱，土壤发白时及时灌跑马水，保持土壤湿润，春季注意防渍。

（2）抓好越冬管理，防止缺苗　晚稻收割后，用稻草或猪牛栏粪及时盖苗，可起到抗旱、防冻、施肥之效。苕子和红花草属于豆科作物，对磷肥最敏感，磷能使根瘤发达，根瘤菌能固定空气中的氮素作绿肥的养分，促进其生长良好，因此磷宜早施。12 月中旬每亩施钙镁磷肥 15～20 千克，施用前拌猪牛栏粪堆沤 10～15 天。

采用无人机撒播绿肥现场

农民及时开沟排水防渍

（3）加强春季管护，以小肥换大肥　春季雨水多，要及时清沟排水，做到雨停田干，降低地下水位，使土壤的水、肥、气、热协调，促进红花草根深叶茂。翌年 1—2 月每亩薄施尿素 2～3 千克，对提高绿肥产量收效显著。

4.2.2　茹菜田间水肥管理

（1）水分管理　把田面分畦、挖好排水沟再行播种。畦、沟的配置方式，因地势、土质而异。土壤黏重、地势低下的田块，畦宽 1.7～2 米、沟深 0.3 米；土质较疏松、地势较高的田块，畦宽 2.7～3 米、沟深 0.2～0.3 米。注意及时沟灌，排除滞水。

（2）肥料管理　每亩施尿素 15 千克、磷肥 20 千克、钾肥 5 千克，一般以磷、钾肥作基肥和厩肥、土杂肥混匀后施下。齐苗后追施氮肥，抽薹前结束施肥。

酸化耕地治理项目示范区
时　间：2022.03.10 15:10
天　气：晴 21℃
地　点：柳州市·竹山村
经纬度：24.069646°N,109.43789

绿肥种植示范区　　　　　　　　　　　　　　绿肥产量验收现场

4.3　适时翻沤压青

苕子、红花草、茹菜均宜在盛花期翻压。这时鲜苗产量最高，含氮量最高，肥效也最好。翻沤前 2～3 天灌进浅水，既有迅速提高鲜苗产量的作用又好耕犁。翻沤 7～10 天后插秧，肥效最好。用作秧田基肥的，翻沤时期应服从犁沤秧田的季节。压青时添加适量氮肥，可以促进绿肥鲜苗分解腐熟，利于水稻返青和分蘖。

5　已推广面积、具体区域、取得成效

广西每年绿肥种植面积在 400 万亩左右，2016—2021 年绿肥种植面积分别为435.67 万亩、429.17 万亩、377.90 万亩、365.35 万亩、369.99 万亩和 376.47 万亩。广西的绿肥主要在桂林、河池、百色等桂北地区和桂西北地区种植，防城港、北海、钦州等桂南地区绿肥种植较少。桂林市面积最多，占全区总面积的 29.3%；其次为河池市和百色市，分别占 13.47% 和 11.14%；防城港市面积最少，占 0.35%。据百色市的定点观测结果，连续三年种植绿肥的田块，每年翻压 1 000 千克以上的鲜草量，有机质含量提高0.03～0.07 个百分点，全氮含量提高 0.03 个百分点，有效磷提高 2.8 毫克/千克，速效钾提高 21.37 毫克/千克，水稻产量增加 7% 以上。

6　典型案例材料

广西南宁宾阳县古辣镇刘村的水稻种植大户屈吉新，常年种植水稻 236 亩。2016 年，发展绿肥种植后，当年冬种绿肥红花草 80 亩，平均亩产鲜草超过 2 000 千克，第二年水稻平均每亩增产 30 多千克，节本增收 100 多元。

7　效益分析

7.1　经济效益

近年来，在实施种植绿肥提升耕地地力行动中，通过宣传发动、资金扶持、示范带动等措施，推动了广西绿肥生产发展。2016年以来，推动全区完成绿肥种植2 354.55万亩，总产绿肥鲜草3 928多万吨，促进当季或下季作物增产增收165 895.78万元，总经济效益257 071.07万元。其中，近三年（2019—2021年）累计发展绿肥种植1 111.81万亩，总产绿肥鲜草1 798万吨，减少化肥施用7 175.44万千克，促进当季或下季作物增产增收78 335.89万元，总经济效益121 388.03万元。

7.2　生态效益

绿肥的种植和利用改善了土壤理化性状，增加了土壤有效养分含量，减少了化肥施用量和环境污染，建立了良好的农田生态环境，推动耕地质量稳步提升。2016—2020年全区耕地质量等级分别为5.61级、5.60级、5.37级、5.14级、5.04级，呈逐年上升趋势。其中，2020年耕地质量等级比项目实施前提升了0.61个等级。

7.3　社会效益

在推广绿肥种植过程中，通过组织举办现场观摩会、培训班及培训2 585期次，培训人数32.48万人次，印发资料102.06万份，提高了农民的绿肥种植技术水平和科学施肥技术水平，种地养地的理念逐步深入人心。

（蒋健民）

湖北省油菜绿肥—早晚稻轮作改良酸化土壤技术模式

1 解决的主要问题

湖北省地处长江中游，鄂东大别山区、鄂西武陵山区和鄂南幕阜山区年均降雨量在1 000毫米左右，局部区域发育的土壤质地黏重，土壤本底酸性较强，加上长期不合理耕作、化肥不合理施用和有机物料投入不足等因素，导致耕地酸化问题日益突出，土壤pH小于5.5的耕地面积达800万亩以上。土壤酸化导致土壤中重金属活性增强，微生物活性下降，土壤板结程度加大、养分有效性降低，严重影响农作物的生长和农产品品质。因此，湖北省酸化耕地治理的核心是改善土壤理化性状，提高土壤pH和土壤养分有效性。

油菜菜薹采摘

油菜是湖北省的主要农作物之一，油—稻轮作区一般在中晚稻收获后直播或移栽种植。晚稻收获后种植的油菜往往因错过了最佳播种期或受到气候的影响难以获得高产，适时将其翻压还田做绿肥，可增加土壤有机质含量，改善土壤结构，减缓土壤酸化趋势。同时，还可采收油菜菜薹，丰富居民冬季的"菜篮子"，实现一菜两用（前期菜薹采收食用、后期翻压还田）。

2　技术原理

油菜是少数可以吸收利用矿物态磷的作物之一。油菜的根系发达，其分泌物可增强土壤中微生物活性，分泌出的有机酸可溶解土壤中的难溶性磷。油菜花期压青作绿肥还具有营养成分均衡、生物量及干物质量大的优点，可增加土壤有机质的含量，提高土壤对酸的缓冲能力。同时，油菜作为直根系作物，与水稻进行水旱轮作不仅有利于改善土壤结构，而且油菜体内含有丰富的硫苷，能有效地杀死有害细菌、虫卵、杂草等，有利于改善稻田连作带来的不利影响。

3　适用范围

湖北省水旱轮作区。

4　技术要点

4.1　油菜种植

4.1.1　品种选择

选择耐瘠、生物量较大、养分累积量高、生长周期短、耐密植、株型适中、抗病品种，且适宜食用，如华油杂 62、中油杂 7819、圣光 86 等。

4.1.2　种子处理

油菜种子均应分品种单独进行处理。播种前选择晴天中午晒种 4～5 小时，晒种后将种子与细沙按 2∶1 的比例拌匀，装入编织袋内用力揉擦，将种子表皮上的蜡质擦掉，以提高种子吸水速度和发芽率，然后用 5％的盐水选种，清除病粒和空秕粒。

4.1.3　播种量及播种时间

油菜如在 11 月 1 日前播种，用种量为 0.5 千克/亩。11 月 1 日之后播种，播期每推迟 10 天左右，每亩播种量相应增加 0.2 千克。

4.1.4　播种方式

油菜种子以条播的形式进行撒施或机播，条施宽度控制在 20 厘米以内，条带间隔 60 厘米，撒施后，再用农事器械进行培土，保证发芽出苗，避免油菜籽被阳光暴晒。

4.1.5　合理施肥

油菜对硼肥需求量较高，可结合土壤养分丰缺情况，每亩基施硼肥 1 千克。对土壤有效磷含量低于 15 毫克/千克的绿肥田，一般每亩施用钙镁磷肥 20～25 千克，达到以小肥养大肥的目的。

4.1.6　病虫害防治

针对油菜生产过程中普遍存在前期蚜虫、菜青虫、跳甲危害，后期菌核病发生严重，可利用无人机在苗期叶面喷施液态硅肥、10％吡虫啉可湿性粉剂、4.5％高效氯氰菊酯水乳剂，初花期叶面喷施多菌灵、磷酸二氢钾，可以有效防控蚜虫、菜青虫、跳甲，促进油菜生长发育，防治菌核病，确保绿肥油菜有较高生物量。

4.1.7　田间除草

苗期是油菜绿肥杂草危害的主要时期，针对草害特别严重的绿肥油菜种植区域可进行化学除草。苗期喷施除草剂，一般在油菜 4～5 叶期进行，选用选择性除草剂防除油菜中的单、双子叶杂草。

4.1.8　抗冻害管理

针对湖北省部分区域冬季气温偏低、连续雨雪天气、冻害严重的情况，每亩可施氯化钾 3～4 千克或者根外喷施磷酸二氢钾 0.25 千克，增加植株细胞质浓度，增强对低温的适应能力。对冬前生长过旺的一类苗田，喷施多效唑抑制旺长，防止冻害。

4.1.9　适时翻压

一般在 3 月下旬，最迟 4 月上旬完成绿肥翻压工作，对于长势很好的绿肥，翻压最佳时期为开花初期至盛花期。在翻压油菜过程中，首先将油菜用旋耕器械打碎，然后深耕翻压入土，深翻土层深度为 25～30 厘米，在翻压前可撒施适量的秸秆腐熟剂等微生物菌剂，进一步抑制病原菌、增殖有益菌，促进油菜秸秆快速、充分分解腐熟。对于翻压后部分没有埋入土壤的茎秆，如果不进行处理，仍然会继续生长，因此，在翻压处理 1 周后，可进行二次整地，进行二次翻压处理。

油菜翻压前　　　　　　　　　　　　　　　　油菜翻压作业

4.2　早晚稻种植

4.2.1　品种选择

选用优质高产品种。湖北省早稻优质品种主要有早杂两优 287、常规优质早稻鄂早 18、嘉育 948、舟 903 等。晚稻主要有晚籼：金优 38、中 9 优 288、金优 207、荆楚优

148。晚粳：鄂粳杂 1 号、鄂粳杂 3 号。粳稻：鄂晚 11、鄂晚 15、鄂晚 16、鄂晚 17 等。

4.2.2　适时播插

早稻、晚稻播插期根据各地气象条件适时进行。其中，早稻注意培育稀播壮秧，若秧龄过长、播得过密，必会出现"老秧子早穗"现象；晚稻的播插期受安全齐穗期和前茬早稻收获期的双重限制，应与早稻中早熟茬口搭配。晚稻选用秧龄弹性较大、抗寒性强、耐迟差的晚粳品种，如鄂粳杂 1 号、鄂晚 17 等。

4.2.3　合理密植

一般常规早稻插秧株行距 13.3 厘米×16.6 厘米，每穴 5～6 株；杂交早稻 13.3 厘米×20 厘米，每穴 4～5 株。一般常规晚稻插秧，株行距 13.3 厘米×16.6 厘米，每穴 6～7 苗；杂交晚稻 13.3 厘米×20 厘米，每穴 5～6 苗。要求浅插竖插，不插"弯兜"秧，插当天秧苗，不插隔夜秧。

4.2.4　合理施肥

早稻施肥，要求基肥足、追肥早，氮、磷、钾配合施用。中等肥力田，每亩产量 500 千克，应施纯氮 10～11 千克，氮、磷、钾比例为 1∶0.5∶0.8。氮肥的 70%作基肥、20%作分蘖肥追施、10%作粒肥追施；磷肥全部作基肥；钾肥 50%作基肥、50%在晒田复水后追施。

晚稻施肥，要求基肥足、追肥早，氮、磷、钾配合施用。中等肥力田，每亩产量 500 千克，应施纯氮 11～12 千克，氮、磷、钾比例为 1∶0.5∶0.8。氮肥的 70%作基肥、25%作分蘖肥追施、5%作粒肥追施；磷肥全部作基肥；钾肥 50%作基肥、50%在晒田复水后追施。

4.2.5　合理灌溉

在管水上，做到寸水插秧、薄水分蘖。当总苗数达到计划有效穗数时，应排水晒田，晒到人走田间不陷脚为宜。孕穗至齐穗期田间有水层，齐穗后应间歇灌溉，湿润管理至成熟。

4.2.6　病虫草害防治

应结合植保措施，做到统防统治。大田主要是防治二化螟、两迁害虫、稻瘟病、纹枯病等。秧田主要防治绵腐病、疫霉病、蓟马和螟虫等。杂草主要防治稗草、泽泻、空心莲子草、异型莎草、鸭舌草、节节菜等。

4.3　注意事项

4.3.1　水稻田清残、翻地

晚稻一般应在 10 月下旬至 11 月收割。收割完毕后，可将秸秆粉碎，可以不平整土地，尽量将秸秆深翻 20 厘米入土，以保证地面干净。

4.3.2　油菜翻压时间的选择

应保证在油菜翻压后有一定的时间进行腐熟，如果太早则生物量较低；如果太晚，则茎部木质化，提高翻压难度，影响翻压质量，延缓腐熟时间。因此，应在水稻直播前 1 周或移栽前 1 个月完成翻压，一般应为 3 月底到 4 月中上旬。

油菜翻压后

4.3.3 注意翻压油菜的主要目的

油菜翻压绿肥是为了提高土壤有机质，提高土壤对酸碱的缓冲能力，使土壤的 pH 升高，达到改良土壤、维持水稻持续稳定健康生产的目的。翻压未成熟油菜的绿色部分进入土壤是主要目的，收获油菜籽或者油菜茎秆不是目的。因此，不能见油菜长势良好就不进行翻压处理，从而影响水稻的种植。可根据油菜的长势，在开花前采集菜薹，作为蔬菜食用，但一般应将采集菜薹后的茎叶尽量还田。

5 已推广面积、具体区域、取得成效

湖北省早在 2015 年便开始应用油菜—早晚稻轮作技术模式改良土壤，截至目前，累计应用面积 3.7 万亩。试验研究表明，每 2 000 千克鲜绿肥油菜还田后相当于施入土壤纯氮 5.3 千克、纯磷 0.8 千克、纯钾 12.1 千克，折合成尿素 11.6 千克、钙镁磷肥 4.3～6.5 千克、氯化钾 20.2 千克，总计折合肥料实物量 37.2 千克。油菜绿肥的推广应用，改善了土壤结构，增加了土壤缓冲能力，达到减缓土壤酸化趋势的目的。

6 典型案例材料

湖北省咸宁市咸安区位于鄂南幕阜山系，地处红黄壤带，土壤母质主要为第四纪红色黏土，土壤质地黏重、土体结构紧实，且酸性较强，限制作物根系生长及对土壤中水分和养分的吸收利用。咸安区汀泗桥镇、向阳湖镇片区是该区粮食作物主产区，常年不合理的耕作及化肥的大量施用导致土壤有机质含量降低，土壤持续酸化，pH 不断降低，农作物产量不断下降。为了解决上述问题，该片区 2018 年便开始推广应用油菜绿肥—早晚稻轮作技术模式，目前土壤有机质含量较 2018 年之前增加了 2 克/千克，pH 由 5.2 提高到 5.4，提升了 0.2 个单位，土壤性状得到改善，水稻增产明显。

7 油菜绿肥效益分析

7.1 经济效益

与其他绿肥相比，油菜成本低、产量高。油菜做绿肥用种量为 0.5～1 千克/亩，成本不到 10 元，肥料、农药及农机作业成本约 120 元/亩。油菜每亩产鲜草 1 000～2 500 千克、干有机物 200～400 千克，按照目前有机肥的价格，扣除种植成本，每亩可节省 20～80 元成本，同时采摘菜薹可获得一定收益，翻压还田前至少可采收 2 茬，每茬可采 200 千克以上，扣除人工成本，按 2 元/千克计算，可获得 800 元收入。油菜翻沤之后种植的水稻产量更高、品质更好，亦可增加农户的种植收入。

7.2 生态效益

油菜为直根系作物，其根系对土壤有穿刺效应，根系腐烂后形成土壤的孔隙增加稻田土壤总孔隙度，降低土壤容重，利于土壤生化反应，稳定土壤 pH，同时提高耕层土壤有机质含量。通过对汀泗桥镇赤岗村 150 亩示范片进行调查分析，2020 年共采集土壤样点 6 个，油菜绿肥田块土壤有机质显著提高，平均由 22.15 克/千克提升到 22.47 克/千克，提高 0.32 克/千克，提升幅度 1.42%；土壤 pH 显著提高，平均由 5.65 提升到 5.86，提高 0.21 个单位，提升 3.58%。同时，土壤碱解氮、有效磷、速效钾含量也都有一定的提高，增效显著。

7.3 社会效益

绿肥油菜前期可采收菜薹，后期可翻压还田改良土壤、培肥地力。连续推广应用油菜绿肥—早晚稻水旱轮作技术模式，可显著减少化肥投入，进一步推进退化耕地治理和化肥减量增效，也可丰富居民冬季"菜篮子"。该项技术推广应用既生态环保又能减少农业投入，同时也是促进乡村振兴，加快推进产业兴旺、生态宜居的有力举措。

（余秋华　巩细民　易妍睿　张洁　郭凯）

湖南省酸化耕地"石灰质+"综合治理技术模式

1 解决的主要问题

据 2020 年耕地质量监测评价结果和相关报道，湖南省是目前全国土壤酸化面积占比较大的省份之一，全省耕地中酸性土壤超过 70%（其中强酸性及极强酸性占比 35.16%），有 2/3 土壤存在不同程度的酸化现象。土壤酸化对耕地土壤肥力及重金属污染风险等产生重要影响，因此，区域内土壤耕地保护和地力提升的关键是酸化土壤改良。

2 技术原理

该技术模式以"石灰质＋有机肥＋绿肥"为主。通过施用石灰质物质提高土壤 pH；通过增施有机肥，提高土壤对酸碱环境的缓冲性能；通过冬闲绿肥种植还田，进一步改善土壤肥力，改良土壤结构。结合耕地保护与质量提升、山水林湖田草项目、高标准农田建设等项目，改善农田基础设施，使酸化耕地土壤 pH 平均增加 0.5 个单位。

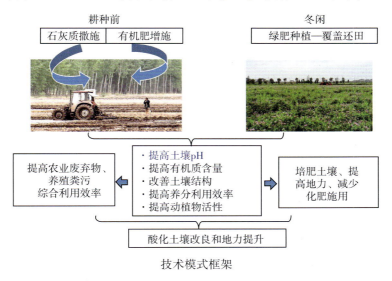

技术模式框架

3 适用范围

湖南省土壤 pH 小于 5.5 的酸化耕地。

4 操作要点

4.1 石灰质施用

石灰质主要以生石灰和含钙（碳酸钙、氧化钙）、镁类物质的酸化土壤调理剂为主。根据土壤 pH、土壤质地、土壤类型、土壤阳离子交换量、地块面积和农作物的不同，确定石灰质施用量，一般为 50～150 千克/亩。在实际操作时，石灰质用量可参考《石灰质改良酸化土壤技术规范》（NY/T3443—2019）。

施用石灰质建议在翻耕前一次性施入。石灰施用时期应根据不同种植制度确定，宜在播种或移栽前 3 天以上施用。将石灰质物质撒入耕层土壤，然后通过翻耕或旋耕将其与耕层土壤（0～20 厘米）混匀，防止石灰施用不均匀造成烂秧死苗。每季施用量不宜超过 150 千克/亩，超过时，建议分多季施用。推荐使用石灰撒施机，减少对人体的危害，施用过程注意防护，避免灼烧眼睛和皮肤。

邵东市生石灰机械撒施

4.2 增施有机肥

商品有机肥亩施用量为 300～500 千克，自制有机肥亩施用量为 500～1 000 千克，具体用量视土壤有机质含量定。商品有机肥应符合 NY/T 525—2021 标准。结合绿色种养循环农业试点项目，在畜禽养殖密集的区域采取沤制堆肥，按照就近施用的原则施用。水田在翻耕前与其他化肥作基肥一次性施用，耙匀后移栽水稻；旱地土壤宜直接穴施并覆土。凡增施了有机肥的土壤，相应减少化学纯氮 2～3 千克/亩。

4.3 绿肥种植还田

绿肥种子以紫云英为主，同时可选择加入油肥种子或肥田萝卜，实行"二花"或"三花"混播。双季稻区选用迟播、早熟、适产型紫云英品种，中稻区选用中迟熟型品种。旱地绿肥以紫云英为主，则可选用中迟熟高产型紫云英品种。绿肥种子应符合 GB8080—2010 标准，用种量每亩 2 千克左右。

中稻水田在 9 月 15 日后至 10 月上旬抢天气播种，晚稻水田收割前后至 10 月底之前及时播种，旱地根据实际情况适时播种。水田要求开好"围沟"和"井"字形沟，沟深和沟宽各 20 厘米左右，做到水多时能排、干旱时能灌。

早稻田宜在移栽前 10 天左右进行翻压，中稻田最适宜翻压期为绿肥盛花期，每亩绿肥压青量以 1 500 千克为宜，可根据土壤肥力或沙、黏状况适当调整压青量。

冬闲紫云英种植和翻压还田

4.4 注意事项

石灰不能连年过量施用，生石灰不能与酸性农药和酸性肥料混合使用。一般石灰使用 2～3 年一个周期，在实施治理措施后的 2～3 年内，定期（每隔 1 年）对土壤进行取样检测。有机肥的长效性不能代替化学肥料的速效性，必须与化肥配合施用，才能取得最佳效果；作追肥时应提前几天施用，同时要根据作物田间实际情况确定每亩施用量。

5 已推广面积、具体区域、取得成效

从 2020 年开始，以该综合治理技术模式为基础，在邵东市、桃源县、辰溪县、沅陵县、古丈县、宁远县、双牌县、新邵县、宜章县、涟源市、花垣县 11 个县（市）展开以酸性土壤改良为主的退化耕地治理试点，2021 继续在上述 11 个县（市）展开试点工作，任务面积 15 万亩，建立千亩以上示范区 31 个、万亩以上示范区 2 个。通过该项技术模式实施，土壤 pH 平均增加 0.5 个单位，有机质含量平均增加 0.5 克/千克，作物亩产量增加约 25 千克，土壤重金属活性降低 50% 以上。

6 典型案例材料

湖南省桃源县在 2020 年实施以酸性土壤改良为主的退化耕地治理示范，总面积 7 500 亩，2021 年示范区面积增加到 3 万亩。桃源县酸化耕地治理的技术模式主要有"施用酸性土壤调理剂""施用石灰""种植绿肥"和"有机肥替代化肥"等。通过项目实施，充分验证了各项技术模式的可行性和耕地治理效果。根据晚稻测产结果来看，稻谷产量和品质都有较大幅度提高，亩产增收 100 元以上，土壤 pH 提高 0.5 个单位，稻谷样品重金属镉含量降幅 50% 以上。漳江街道桐木港社区种植大户姚友志，承包水田 780 亩，经治理修复后土壤 pH 最高提升了 0.6 个单位，稻谷亩产达 475 千克/亩，稻谷镉含量降到 0.2 毫克/千克以下，解决了一直困扰的卖粮难问题。

湖南省邵东市在 2020 年开展酸化土壤治理试验示范，总面积 7 500 亩，2021 年扩大到 3 万亩。其中在灵官殿镇民新、铁塘等 12 个行政村创建了 1 个酸化耕地治理万亩示范片，结合高标准农田建设项目开展土壤改良，在部分村配套施用有机肥或种植绿肥还田，取得了良好的耕地调酸提质效果。据民新村种粮大户李善友反映，早稻镉的含量显著降低，符合食用标准。示范区内耕地土壤 pH 显著提高，耕地地力等级平均提升 0.5 个等级，取得了良好的经济、社会和生态效益。

7 效益分析

7.1 经济效益

根据晚稻施用石灰和有机肥、绿肥替代化肥示范片的测产结果来看，稻谷产量和品质都有较大幅度提高，每亩平均减少农药成本 15 元，减少传统肥料成本 80 元，增产优质稻米 25 千克左右，除去酸化治理措施费用约 150 元，亩产增收 100 元以上。

7.2 社会效益

提高了农业废弃物和养殖粪污的综合利用效率，减少了化肥农药使用。各级政府、基层农技人员、农民、种粮大户和新型农业经营主体耕地保护意识逐渐加强，对稻田施用石灰、发展绿肥、增施有机肥等工作的积极性大幅度提高。

7.3 生态效益

应用该技术模式后，耕层土壤 pH 两年能够平均提升约 0.3 个单位，有机质含量提高 2 克/千克以上，大幅降低土壤重金属活性，显著提高耕层微生物活性，减少土传病害的发生。

（黄峻　罗喆　伍娟　周清　杜辉辉　尹阳明　李华　陈志军　罗小军）

广安区耕地土壤酸化治理技术模式

1 解决的主要问题

广安区属内陆亚热带湿润气候区，气候温和，雨量充沛，四季分明，区内地形浅丘，土壤成土母质以沙溪庙组、遂宁组、蓬莱镇组母质为主，土壤分为水稻土、潮土、紫色土、黄壤4个土类。该区以一年两熟为主，是我国重要的优质粮油作物、柠檬、柚子、蔬菜及亚热带水果产区。该区耕地质量主要问题是耕地土壤酸化问题，目前，广安区耕层土壤 pH 在 4.5～5.5 范围内的耕地面积有 2.8 万余亩，约占全区耕地面积 4.1%；广安区退化耕地绝大部分是水田中的棕紫夹砂泥田和灰棕黄紫泥土。主要治理措施是实施"综合治酸"，通过施用石灰和土壤调理剂调酸控酸，增施有机肥、秸秆还田和种植绿肥，开展水田养护耕作、改善土壤理化性状。

2 技术原理

主要技术路径：通过石灰等酸性土壤调理剂，提高酸化土壤 pH；通过有机物料投入，增加土壤中有益菌群，提升土壤有机质含量，改善土壤物理性质，调节土壤 pH，促进水热传导和增加土壤中养分的有效性，提升土壤质量，实现广安区酸化退化耕地的保护利用。

该模式构建了水稻—绿肥轮作系统，以土壤深翻 30 厘米，配合水稻秸秆还田深混还田，并辅以石灰粉和有机肥调理土壤为核心的酸化耕地治理体系，包括水稻—绿肥轮作、水稻秸秆配合有机肥加石灰粉还田和绿肥还田等技术。水稻秸秆配合石灰粉和有机肥深混还田能够打破犁底层，提高土壤 pH，增加耕层厚度和土壤有机质含量，改善耕层结构和理化性质，提高土壤中的养分，能减少化肥使用量。同时，石灰粉还能有效杀死秸秆中的有害虫卵和病菌，可减少翌年水稻的病虫害，减少农药的使用，在提高耕地质量的同时实现节肥节药的目标。

3 适用范围

土壤 pH≤5.5 的南方水田土壤。

技术模式框架

4 操作要点

一年为一个轮作和耕作周期。秋播季种植绿肥，绿肥收获后直接压青还田。春播季种植水稻，水稻收获后进行秸秆一次性深混还田配合石灰粉和有机肥深混还田。具体田间操作步骤如下：

4.1 秋播季种植绿肥

9月底至10月初，水田排干水后，撒施5千克/亩的紫云英种子于深翻后的水田中。

4.1.1 绿肥还田

3月底至4月初，水田灌水浸泡3～5天，使用小型旋耕机进行紫云英压青还田，同时平整土地。

4.1.2 种植管理

绿肥生长期间，水田以不积水为管理要求。

4.2 春播季种植水稻

春播季种植水稻，水稻收获后，实施水稻秸秆一次性深混还田配合石灰粉和有机肥深混还田技术。

4.2.1 秸秆粉碎

秋季水稻联合收割机收获时，对秸秆进行粉碎，使秸秆长度在10厘米以下，均匀地分布在田面上。

4.2.2　石灰粉、有机肥抛撒

在需要进行秸秆配合石灰粉和有机肥深混还田的区域，在秸秆粉碎后进行石灰粉和有机肥抛撒作业。人工撒施将石灰粉和腐熟发酵后的有机肥均匀地抛撒在田面上，使用石灰粉 375 千克/公顷、有机肥 6 吨/公顷和尿素 45 千克/公顷。

4.2.3　秸秆配合石灰粉、有机肥深翻作业

采用 200 马力*以上的机车牵引五铧犁进行深翻作业，翻耕深度 25～30 厘米，将秸秆和石灰粉、有机肥全部翻混于 0～30 厘米土层中，并对田块进行平整。

水稻收获及秸秆粉碎

秸秆深混还田与土地平整作业

4.2.4　种植管理

水稻播种、水肥及田间管理与常规耕种方式相同。

5　已推广面积、具体区域、取得成效

该项技术从 2019 年开始在典型镇街开展试验，2020 年开始在大安镇、大龙镇、东岳镇、龙台镇、兴平镇、悦来镇等乡镇推广应用，两年累计应用面积 2 万亩。通过该项技术实施，土壤 pH 从最低值 4.8 调节至 5.6，从最高值 5.2 调节至 5.8，土壤有机质中位值从 17.8 克/千克提升至 19.4 克/千克，耕作层厚度增加至 28 厘米，作物产量增加 7%～13%，化肥减量 5%～10%，农药减量 3%～7%。

6　典型案例材料

大安镇位于广安区西南部，土壤类型是典型的紫色水稻土，土壤 pH 为 4.95～6.32，土壤有机质含量低，长期不合理耕作导致耕作层厚度减少至 15～18 厘米，限制作物根系生长及对土壤中水分和养分的吸收利用。为了解决上述问题，广安区从 2019 年开始应用

＊　马力为非法定计量单位，1 马力≈0.735 千瓦。——编者注

该项技术改良土壤，将秸秆和石灰粉、有机肥进行深混还田并通过种植绿肥还田，调节土壤酸碱度、改善土壤结构、增加土壤有机质和养分、打破犁底层，耕作层厚度增加至28厘米，耕作层土壤有机质含量增加1.6克/千克以上，水稻产量平均增加7%～13%。

7 效益分析

7.1 经济效益

以一年为一个轮作周期，整地成本增加20元，但肥料成本减少20.3元。第二年水稻的产量提高了7%～13%，在市场价格波动不大的情况下，该模式可增收70～130元。

7.2 社会效益

将秸秆和无害化处理后的畜禽粪污深混还田，增加耕层厚度和土壤有机质含量，改善耕层结构和理化性质，提高土壤中的养分，能减少化肥使用量。杜绝了秸秆焚烧和畜禽粪污随意堆放带来的环境污染问题，提高了秸秆和畜禽粪污的综合利用率。而且石灰粉还能有效杀死秸秆中的有害虫卵和病菌，可减少翌年水稻的病虫害，减少农药的使用，在提高酸化耕地质量的同时实现节肥节药的目标。同时，提高政府工作人员、基层农业技术推广人员和农民等改良酸化土壤，保护耕地的意识。

7.3 生态效益

应用该技术模式后，土壤pH提升0.6～0.8个单位，有效提升了土壤有机质含量，增加耕层厚度，作物产量增产7%～13%，化肥减量5%～10%，农药减量3%～7%。该技术模式有效利用了秸秆和畜禽粪污的生物有机质资源，杜绝了秸秆焚烧和畜禽粪污随意堆放带来的环境污染问题，净化环境，促进营造美丽乡村。

（王杰　冯经琼　刘敏　刘淙　郑敏　向楠）

福建省土壤酸化
综合改良技术模式

1 解决的主要问题

根据测土配方施肥及耕地质量监测结果，福建省耕地土壤 pH 范围为 3.00～8.81，平均为 5.24；与第二次全国土壤普查结果相比，下降了 0.46 个单位。其中强酸性（pH<4.5）占比达 9.9%，提高了 7.3 个百分点；酸性（pH4.6～5.5）占比为 64.3%，提高了 14.9 个百分点。土壤酸化已成为福建农业增产增效的关键限制因子，影响了福建农业绿色高质量发展。因此，土壤酸化成为保障粮食安全中迫切需要解决的重大问题。

2 技术原理

通过施用碱性物料（土壤调理剂）和优化施肥结构，提升土壤 pH；结合增施有机物料、种植绿肥、秸秆还田等技术措施，提升土壤有机质含量，促进土壤养分循环，提高土壤生物活性，提高土壤酸碱缓冲能力，减少土壤盐基离子损失，改善酸化土壤和提升土壤健康水平，保障耕地土壤可持续利用。

3 适用范围

福建省稻田、菜地和果园土壤 pH<5.5 的区域。

4 操作要点

根据稻田、菜地和果园土壤酸化特点及作物适宜生长的酸碱度，通过施用土壤调理剂调控土壤 pH，结合增施有机肥、秸秆还田、种植绿肥、配方施肥等综合措施，形成土壤酸化综合改良技术模式。

4.1 稻田土壤酸化综合改良技术模式

4.1.1 种植紫云英

该模式利用冬种紫云英稻区，选用早发、高产、适应性强的紫云英绿肥系列品种，播

```
                        福建省酸化土壤

        ┌───────────────────┼───────────────────┐
        ▼                   ▼                   ▼
     稻田土壤              蔬菜地              果园土壤

        ▼                   ▼                   ▼
   ┌─────────┐        ┌─────────┐        ┌─────────┐
   │土壤调理剂│        │土壤调理剂│        │土壤调理剂│
   │紫云英/秸秆│       │有机肥   │        │绿肥/有机肥│
   │还田      │        │配方施肥  │       │配方施肥  │
   │配方施肥  │        │         │        │增镁补锌  │
   └─────────┘        └─────────┘        └─────────┘

   ┌────┬────┬────┬────┬────┬────┬────┐
   ▼    ▼    ▼    ▼    ▼    ▼    ▼
 提升土 提升土 提高土 改善土 提高土壤 提高养分 作物
 壤pH  壤有机 壤肥力 壤结构 微生物活 利用效率 产量
       质含量              性

        ▼
   ┌────────────────────────────────────────────┐
   │改善土壤酸化现状，提升耕地土壤健康，保障土壤可持续利用│
   └────────────────────────────────────────────┘
```

土壤酸化综合改良技术模式

种时间为 9 月中下旬至 10 月中旬，宜选在中、晚稻收割前 15～20 天，用种量为 1.5～2.0 千克/亩，采用钙镁磷肥 2.5～5.0 千克/亩拌种，播种时落籽均匀。

紫云英绿肥示范推广

4.1.2 紫云英绿肥翻压还田

紫云英绿肥在第二年 3—4 月翻压还田，双季早稻宜在紫云英盛花期或此前翻压，中、晚稻通常在插秧前 10～20 天进行，每亩鲜草翻压量以 1 500 千克左右为宜，单季稻在初荚期翻压，翻压深度在 15 厘米左右，同时拌入 30 千克石灰，加速紫云英秸秆腐解。

4.1.3 施用土壤调理剂

水稻种植时处于淹水状态，土壤 pH 会趋向于中性，因此土壤调理剂用量与菜地、果园相比，可以适当降低。在紫云英绿肥翻压还田一周后，按照土壤 pH 检测结果，如土壤 pH 为 4.5～5.5，土壤调理剂推荐用量为 100～150 千克/亩；如土壤 pH<4.5，推荐用量 150～200 千克/亩。同时根据土壤肥力状况，结合水稻需肥规律，明确配方肥的施用量与施用比例。

施用土壤调理剂

4.1.4 移栽水稻

在施用土壤调理剂和配方肥 1～2 天后，可进行插秧。

4.1.5 稻草秸秆还田

第一茬水稻收获后，结合水稻收割对秸秆进行粉碎还田，将秸秆切碎成小段（≤10 厘米），均匀抛撒于田里，做到秸秆不成堆、不成趟。有条件地方可增施秸秆腐熟剂，加快秸秆腐熟。

4.1.6 种植后季作物

根据当地种植习惯，种植后季水稻或其他作物。

4.2 菜地（大白菜）土壤酸化综合改良技术模式

4.2.1 施用土壤调理剂

在大白菜种植整地前施用土壤调理剂，按照土壤 pH 检测结果，如土壤 pH 为 4.5～5.5，土壤调理剂推荐用量为 100～200 千克/亩；如土壤 pH<4.5，推荐用量为 200～300 千克/亩。

4.2.2 施用有机肥

针对土壤有机质含量较低的菜地，在改良酸化同时增施有机肥提升土壤有机质含量；有机肥可以和土壤调理剂一起施用，有机肥推荐用量为 500～1 000 千克/亩，配合整理，使其与土壤充分混匀。

4.2.3 施用配方肥

根据测土配方施肥成果及种植蔬菜品种的需肥规律，明确配方肥用量、基追比例、施用时间及施用方式。

4.2.4　种植蔬菜

大白菜一般在有机肥与土壤调理剂施用2～3天后移栽。

4.3　果园（柑橘）土壤酸化综合改良技术模式

4.3.1　施用土壤调理剂

在柑橘采收后，按照土壤pH检测结果，如土壤pH为4.5～5.5，土壤调理剂推荐用量为100～200千克/亩；土壤pH<4.5，推荐用量为200～300千克/亩。

4.3.2　施用有机肥

针对土壤有机质含量较低的果地，在改良酸化同时增施有机肥提升土壤有机质含量；有机肥可以和土壤调理剂一起施用，有机肥推荐用量为500～1 000千克/亩。

4.3.3　种植绿肥

在交通不便，不利于有机肥施用、水热条件适宜的山地果园，通过种植绿肥或自然生草覆盖，可防止水土流失；压青后还园，培肥地力，改善生态，提高果园土壤保墒保肥能力。每年10—11月，在水资源丰富或具有灌溉条件果园，可撒播紫云英绿肥；而在水资源欠缺果园，则可撒播耐旱性较强的毛叶苕子。每年5—9月，果园实行自然生草，以匍匐型、浅根系生草为主，包括苕子、阔叶丰花草、小蓬草、马唐、火炭母、藿香蓟、竹节草、毛蕨、白车轴草及菟丝子等。

土壤调理剂与有机肥配合施用　　　　　　　果园套种绿肥

4.3.4　绿肥翻压

每年4—5月，进行绿肥还田，绿肥切碎的长度<10厘米。自然生草可采用机械除草或人工劈草，每年除草3～4次。将切碎的绿肥或自然生草均匀覆盖果园。

4.3.5　施用配方肥

在果茶园间作绿肥时，特别是在新垦或瘠薄的果茶园中，需要施入适量肥料，尤其是磷肥。肥料在整地前后施入，以磷肥、钾肥为主，少量氮肥，每亩施钙镁磷肥或过磷酸钙10～20千克、硫酸钾5～10千克。另外，根据土壤养分含量和果树的营养需求，建议在花芽分化期、幼果期、果实膨大期施用配方肥。

4.3.6　增镁补锌

在柑橘抽梢期、稳果期和果实膨大期喷施含镁和锌的叶面肥，建议七水硫酸镁用量为1%～3%，七水硫酸锌用量为0.05%～0.1%。

5　已推广面积、具体区域、取得成效

5.1　稻田土壤酸化综合改良技术模式

2018—2021年，在闽侯、寿宁等15个县开展稻田土壤酸化综合改良技术模式38.8万亩，其中示范面积2.3万亩。示范区内水稻增产22.7～49.3千克/亩，增收45～98元/亩，土壤pH提高了0.31～0.54个单位。

5.2　菜地（大白菜）土壤酸化综合改良技术模式

2018—2021年，在闽侯、寿宁等7个县开展蔬菜地土壤酸化综合改良技术8.3万亩，其中示范面积5 200亩。示范区大白菜增产214.7～388.0千克/亩，增收229～576元/亩，土壤pH提高了0.34～0.60个单位。

5.3　果园（柑橘）土壤酸化综合改良技术模式

2018—2021年，在闽侯、平和等7个县开展果园土壤酸化综合改良技术11.6万亩，其中示范面积5 800亩。示范区柑橘增产126.0～247.1千克/亩，增收563～635.5元/亩，土壤pH提高了0.31～0.50个单位。

6　典型案例材料

福建省平和县是琯溪蜜柚主产地，享有"世界柚乡、中国柚都"的美誉。蜜柚是平和县农业支柱产业，蜜柚种植面积为70万亩。由于过量施肥和不合理管理，蜜柚园土壤pH由1980年的5.10下降到2018年的4.28，90%以上的耕地土壤pH在4.5以下。针对蜜柚园土壤酸化的问题，形成了"土壤调理剂＋有机替代＋种植绿肥＋补镁"的综合技术模式，土壤pH由4.5提升到6.0，产量提升14%～30%，可溶性糖提高3.5%～7.7%，每亩减少化肥50%以上，减少成本400元/亩，增收2 000元/亩，累计创造经济价值超过5亿元。

7　效益分析

7.1　经济效益

稻田酸化土壤改良面积累计开展38.8万亩，平均每亩增收78元，共计增收3 026.4万元；菜地酸化土壤改良面积8.3万亩，平均每亩增收402元，共计增收3 336.6万元；果园酸化土壤改良面积11.6万亩，平均每亩增收599元，共计增收6 948.4万元。集成技术模式的推广提高了工作效率，减少化肥施用量，促进农业提质增效、节本增效，预计总经济效益13 311.4万元。

7.2 生态效益

应用土壤酸化综合改良技术模式后，土壤 pH 提升了 0.31～0.60 个单位，显著提升了耕层土壤微生物活性，增加土壤养分有效性，提高肥料利用率，加上模式推广充分利用有机肥资源，提升耕地质量，减少化肥用量，降低了肥料对环境造成的面源污染。

7.3 社会效益

在耕地数量呈下降趋势及综合生产能力后劲不足的情况下，通过广泛宣传培训与示范引导，提高农民用地养地意识，营造全社会重视土壤酸化治理、提升耕地质量的良好社会氛围，加大对耕地质量建设的投资力度，带动广大农户秸秆还田、种植绿肥、增施有机肥、施用土壤调理剂的积极性，改善农产品质量安全，增加优质农产品供给，促进农业增效、农民增收和社会经济的可持续发展。

（张世昌　张江周　廖丽莉　陈冀阳　广敏）

南方双季稻区酸化耕地综合治理技术模式

1　解决的主要问题

　　江西省双季稻区是我国南方主要粮食产区，但是此区域水稻土普遍存在酸化较严重、肥力较低、耕层浅薄等障碍因素。加之由于长期集约化种植，忽视土壤培肥，导致土壤酸化和肥力下降双重制约水稻产量的持续提升。因此，区域内水稻土保护利用的核心是改良土壤酸化状况，提升土壤肥力。

2　技术原理

　　针对 pH<5.5 的耕地土壤，以施用生石灰中和酸度为核心，并配合测土配方施肥，能减少不合理施肥，控制 H^+ 来源；冬种绿肥、秸秆还田及增施有机肥等措施培肥土壤，间接降低酸度的作用；从降酸、控酸、阻酸三个角度，综合治酸培肥耕地，实现作物增产、农民增收、农业增效、乡村增绿。

3　适用范围

　　南方双季稻区 pH<5.5 的耕地。

4　操作要点

4.1　生石灰施用技术要点

　　品质要求：生石灰粉，要求无机械杂质，粒径小于 1 毫米。施用时期：在早稻移栽前 7~15 天、紫云英盛花期（60%~70% 开花时），结合紫云英翻压施用，紫云英翻压后 1 个月内应做到合理灌水，尽量不排水。一个种植周期内，仅施用一次石灰，石灰使用 5 年为一个周期，前 3 年施用，第 4 年、第 5 年不施。推荐用量：主要根据土壤 pH 确定用量，4.5<pH<5.5，生石灰粉用量 20~50 千克/亩；pH≤4.5，生石灰粉用量 50~80 千克/亩。

撒施生石灰   绿肥翻耕

4.2　冬种绿肥技术要点

播种量：紫云英用种量 1.5～2.0 千克/亩。播种时期：一般在 10 月上中旬至 11 月初播种。播种方式：以使用无人机飞播为主。播种时田间保持湿润状态。田间管理：紫云英喜湿怕涝忌旱，播种前和生长期中，要预先开好排水沟。一般要求开好主沟、围沟和厢沟，做到沟沟相通、旱能灌、涝能排，为紫云英生长创造良好的土壤条件。水肥管理：冬季如遇到干旱，出现土表发白、紫云英边叶发红发黄时应灌"跑马水"抗旱。如遇到大雨和连续降水，要及时清沟排渍。在稻田肥力较低时，建议在紫云英第一片真叶期每亩施用尿素 1～1.5 千克。

冬种绿肥高产示范   机收秸秆全量还田

4.3　秸秆还田技术要点

早稻秸秆还田：采用联合收割机进行水稻收割，保留稻茬高度 10～15 厘米，同时将秸秆切碎成 5～10 厘米并喷撒，使之均匀地分布在田面上，然后灌浅水（水层 2～3 厘米），采用机旋耕进行整地，沤 1～3 天后整平种植晚稻。晚稻秸秆还田：采用联合收割机进行水稻收割，保留稻茬高度 15～20 厘米，同时将秸秆切碎成 5～10 厘米并喷撒，使之均匀地分布在田面上，秋冬季种植紫云英。

4.4 测土配方施肥技术要点

早稻：在亩产 450 千克产量水平时，化肥用量控制氮肥（N）8～9 千克/亩、磷肥（P_2O_5）4～5 千克/亩、钾肥（K_2O）5～6 千克/亩，缺锌的地块每亩基施硫酸锌 1 千克。施用配方肥料，50％作为基肥，30％作为分蘖肥，20％作为穗粒肥。晚稻：在亩产 450～550 千克的产量水平时，化肥用量控制在氮肥（N）9～11 千克/亩、磷肥（P_2O_5）3～4 千克/亩、钾肥（K_2O）6～7 千克/亩。施用配方肥料，50％作为基肥，25％左右作为分蘖肥，25％左右作为穗粒肥。

5 已推广面积、具体区域、取得成效

该项技术从 2018 年开始在九江市、赣州市、宜春市、上饶市、吉安市等地累计示范 108 万亩，平均单产 1 011.8 千克/亩；辐射面积达 220 万亩，平均单产 951.5 千克/亩。该技术模式较实施前平均产量增加 6.3％，土壤 pH 平均提高 0.1 个单位，每亩节本增效 108.4 元。

6 典型案例材料

上高县由于高强度农业生产和忽视土壤培肥，导致土壤酸化和肥力下降双重制约水稻产量的持续提升。水田土壤 pH 和土壤肥力均呈下降趋势。2018—2022 年连续五年在田心镇、泗溪镇、新界埠镇等乡镇集成示范推广"生石灰＋冬种绿肥＋秸秆还田＋测土配方施肥"综合治酸培肥技术模式，示范区实现年平均每亩增产稻谷 79.8 千克，每亩节本增效 143.4 元。

7 效益分析

7.1 经济效益

该技术的推广应用，平均增加经济效益 117.34 元/亩，五年累计推广应用 1 408.76 万亩，增加经济效益 16.53 亿元。

7.2 社会效益

该技术的推广应用，促进了酸化耕地治理技术的进一步普及，提高了农民科学种植水平，水稻平均增产 52.48 千克/亩，带动全省粮食增产 73.93 万吨，有力保障了区域粮食安全。

该技术的推广应用，发展了绿肥（紫云英）生产，促进了秸秆资源化利用，提升了土壤有机质，降低了化肥投入，缓解了耕地土壤酸化程度，提高了土壤肥力，耕地质量稳步提升，实现了作物增产、农民增收、农业增效、乡村增绿的效果。

7.3 生态效益

该技术的推广应用，带动了绿肥生产和秸秆资源化利用，降低了化肥投入，降低了农业面源污染风险，缓解了耕地土壤酸化程度，土壤 pH 平均提高 0.1 个单位，耕地平均质量等级提高 0.1 等，有力推进了农业农村绿色发展。

（何小林　骆赞磊　李模其　廖诗传　廖建武　叶奇　陈松圣　都韶婷　黄山　柳开楼　梁丰）

丘陵山区稻油轻简化垄作
直播固碳增效技术模式

1 解决的主要问题

在西南山地丘陵区，超过 7 200 万亩的水田普遍存在土壤质地黏重、土壤逼透性差、结构不良、排灌效果差、有机质低等问题，直接导致作物水肥利用效率低、种子直播效果不好，生产效率不高、经济效益较低。同时，随着西南地区外出务工人口的大量输出，农村劳动力十分缺乏，无法满足传统耕种模式对劳动力的需求，因而土地撂荒严重。因此，为实现山地丘陵区水田周年高效发展，采用农机、农艺配套关键技术有机融合，助推粮油优势产业高质量发展。山地丘陵区水田周年高效利用的核心是如何利用机械化耕作方式，改善水田土壤环境（水、热、气、肥），提高土壤通透性，提升土壤有机质，增加土壤碳库储量，加强土壤固碳作用。

2 技术原理

主要技术路径：通过旋耕起垄进行垄作直播，增加耕层厚度和水养库容；采用垄沟灌水的浸润式灌溉，有效调节水田土壤水、热、气、肥环境，改善土壤结构；通过秸秆全量还田和靶向消障碳基材料投入，提高土壤有机质含量，改善土壤物理性质，促进水热传导和增加土壤中养分有效性。通过耕层扩库增容，扩源增碳，提升土壤质量，实现西南丘陵山区稻油轮作土地保护利用。

该模式基于水稻—油菜（稻油）轮作系统，以"机械化起垄、轻简化直播、靶向消障碳基材料"为核心，构建了丘陵山区稻油轻简化垄作直播固碳增效技术体系，包括：油菜季的油菜秸秆一次性还田和秸秆配施靶向消障碳基材料等技术，以及水稻季的水稻秸秆粉碎还田、留茬免耕和浸润式灌溉等技术。该技术模式实现了油菜和水稻秸秆全量还田，在油菜季旋耕起垄时，施入靶向消障碳基材料，有效增加耕层厚度的同时，提高土壤有机质含量，调节土壤环境（水、热、气、肥），改善耕层结构，提高土壤中的养分和水分库容，提高养分利用效率，提高出苗率与整齐度，实现水稻、油菜机械化与轻简化生产及耕地质量与综合产能协同提升。

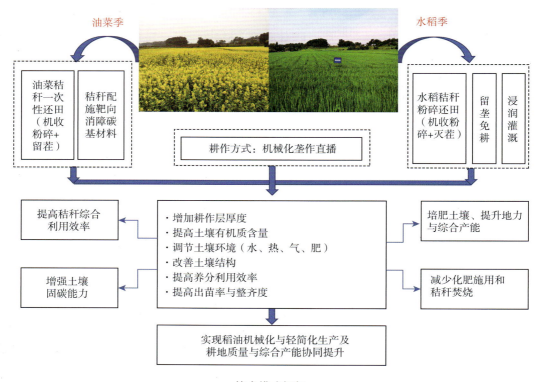

技术模式框架

3 适用范围

西南丘陵山区，稻田经宜机化改造后，能满足机械化作业的稻油轮作区。

4 操作要点

以一年为一个耕作周期，油菜季旋耕起垄，水稻季免耕。田间具体操作如下：

4.1 油菜季操作要点

4.1.1 机械旋耕起垄

前茬水稻收获后，用 90 马力以上拖拉机，先对水稻秸秆进行灭茬，完成水稻秸秆全还田；随后旋耕，旋耕深度 20 厘米左右；旋耕结束之后，施入靶向消障碳基材料（水热炭、超高温堆肥、生物炭、热水解产物等），再用双行微旋起垄一体机进行起垄，垄面宽80～85 厘米，垄沟宽 30～35 厘米，垄沟深 20～25 厘米，起垄方向保持一致，便于田间及时排灌水。

4.1.2 适时播种

播种前 1 周左右，用 10％草甘膦水剂 400～500 毫升兑水 50～60 千克，进行化学除草。根据油菜品种类型、当地海拔高度和气候特征，于 9 月底至 10 月上旬因地制宜进行

秸秆粉碎与旋耕起垄

直播，直播可采用撒播和穴播两种方式，亩用种量 100～150 克。撒播方式，需将亩用油菜种子与 2 千克左右的尿素混合拌匀，均匀撒播于垄面；穴播方式，播种 2 行，窄行行距 50 厘米，宽行行距 65 厘米，穴距 30 厘米，每穴播种 3～5 粒，密度 1 万～1.5 万株/亩。

油菜拌种撒播

4.1.3 水肥管理

（1）水分管理　油菜种植过程中，垄沟不能长期淹水，使其土壤含水量保持在田间持水量以下。

（2）肥料管理　油菜出苗后，每亩施用油菜专用复合肥（15 - 5 - 8）40～50 千克，油菜长至 3～4 叶时，每亩追施 8～10 千克尿素。在蕾薹或初花期，每亩用硼砂 100 克，先用少量温水充分稀释后，再兑水 70～75 千克进行叶面喷施，促进油菜开花结实。

油菜苗期（左）与开花期（右）

4.1.4　病虫害防治

免耕地直播油菜，苗期可用吡虫啉、菊酯类药物重点防治冬前蚜虫、菜青虫，花期可用多菌灵防治油菜菌核病，注重药剂防治和生物防治相结合。

油菜生育期主要病虫害

4.1.5　适时收获

当油菜花后 25～30 天，9 成熟时，即可抢晴天收获，避免因过熟而导致落粒，引起减产。为了不破坏垄面，选宽度适宜的收割机，保持机械履带在沟内行驶，沿垄方向进行收获。同时，尽量避免在中午高温的时候收割。在油菜收获过程中，对油菜秸秆进行粉碎还田。

油菜沿垄机收与秸秆粉碎还田

4.2　水稻季操作要点

4.2.1　留茬免耕

油菜成熟后，采用低位收割，留桩高度 50 厘米以下为宜，及时清除两端垄作沟内淤泥，保证垄沟灌排水畅通。水稻品种选择适宜直播和有利于机收的高产优质中熟品种，主要有晶两优 1212、川华优 320、荃优 822、神 9 优 28 等。

留茬免耕

4.2.2　播种

采用撒播或穴播两种方式，撒播按照每亩用种量 1～1.2 千克，均匀撒播于垄面；穴播可采用水稻播种机进行宽窄行播种，窄行行距 30 厘米，宽行行距 45 厘米，垄面上均匀播种 3 行，穴距 16 厘米，每穴 2～4 粒。

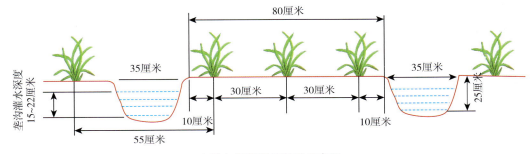

水稻穴播宽窄行播种示意图

4.2.3 水肥管理

（1）水分管理 水稻播种后，及时灌水，水位灌至垄面齐平，确保大部分垄面处于近饱和状态；1周内垄沟水位不低于 22 厘米，可确保水稻正常出苗；出苗后至分蘖盛期，保持垄沟水位在 15～22 厘米最为适宜；当田间分蘖苗数达到 26 万株/亩后，自然落干，控制分蘖数；水稻抽穗扬花期间，保持半沟水至蜡熟期，之后开缺放水，及时排干田间水分，便于水稻收获和下季旱地作物播种。

（2）肥料管理 水稻每亩施纯氮 10～12 千克、磷肥（P_2O_5）6～8 千克、钾肥（K_2O）5～7 千克，氮肥按照基肥：追肥（拔节期）＝6：4 的比例施入，磷、钾肥一次性基施。基肥于机械化起垄前均匀撒施于田间，拔节期追施尿素。

水稻不同生育期生长情况

4.2.4 病虫草害防治

水稻长至 3～4 叶 1 心时，使用 36％苄·二氯 60 克/亩喷雾或 10％苄嘧磺隆可湿性粉剂 20 克/亩兑水喷雾除草。为了提高除草剂施用效果，待水位降至垄面以下时，喷施除草剂。水稻生长期可用啶虫脒 450 克/公顷防治稻蓟马，48％毒死蜱乳油 1 500 毫升/公顷喷雾防治螟虫，10％吡虫啉可湿性粉剂 450 克/公顷喷雾防治稻飞虱。用 5％井冈霉素水剂 2 500～3 000 毫升/公顷喷雾防治纹枯病。

4.2.5 适时收获

当水稻颖壳有 95％以上呈黄色，谷粒定形变硬，即可沿垄收获，避免因过熟而导致落粒，引起减产。收获前，提前排干田间水分，选宽度适宜的收割机，保持机械履带在沟内行驶，选晴天及时收获。同时，收获过程中，将水稻秸秆进行粉碎还田。

水稻主要病虫害症状

水稻沿垄机收与秸秆粉碎还田

4.3 其他注意事项

（1）该项技术一般宜油菜季（秋季）旋耕起垄，油菜收获后留茬直播水稻，即：水稻季（春季）免耕。一方面可以有效解决油菜收获后直播水稻的茬口问题；另一方面可以有效减少春耕人力投入，降低生产成本。但在水稻播种前，需疏通厢沟、腰沟和围沟，做到三沟相通，以利排灌。

（2）油菜机械收割不能等到完全成熟后再收获，一般达到 9 成熟时，即可择晴天进行抢收。同时，机械化收割尽量避免在中午高温的时候收割，以免造成浪费；油菜机械收割需采用低位收割，除油菜籽，其余油菜秸秆全部还田。

（3）水稻机械收割后，需进行灭茬处理。在灭茬过程中，应选择质量好、转速快的灭茬机，尽量保证将水稻秸秆粉碎至10厘米以下，从而保证还田效果。

（4）在利用双行微旋起垄一体机进行起垄之前，需采用常规的旋耕机将田面整体旋耕一遍，且旋耕深度20厘米左右，从而减少由于水稻种植后期晒田导致的土壤板结对起垄机械的损坏。

5 已推广面积、具体区域、取得成效

该项技术从2017年开始在重庆市典型区县开展试验，2019年开始在重庆垫江、永川、荣昌、潼南、涪陵、九龙坡等6个区（县）推广应用，2019—2022年累计应用面积25万亩。在该技术模式下，水稻种植过程中，采用浸润式灌溉，调节土壤水分环境，提高出苗率和齐苗度，有利于杂草与病虫害控制。同时，该技术实现了水稻与油菜秸秆全还田，操作过程轻简化，具有节本增效的显著优势。与传统淹水平作相比，稻油轻简化垄作直播固碳增效技术，通过机械旋耕起垄，人为增加耕层厚度5厘米，实现了耕层扩库增容；结合垄沟灌水的浸润式灌溉（水稻季），有效调节土壤水、热、气、肥，耕层土壤水稳性大团聚体含量提升30%，土壤交换孔隙提高20%；通过秸秆全量还田和靶向消障碳基材料投入，耕层土壤有机质含量提高0.2%～0.5%；同时，每亩可节约2～3个劳动力，节约生产成本180～200元，实现水稻与油菜分别增产10%～20%和15%～30%。

6 典型案例材料

重庆市永川区位于长江上游北岸，在重庆西部，地处东经105°38′—106°05′、北纬28°56′—29°34′，面积1 576千米²，是重庆市水稻主产区之一。地形地貌以丘陵山地为主，属于亚热带季风性湿润气候，平均气温17.7℃，极端最高气温42.1℃，极端最低气温—2.9℃。年平均降雨量1 015.0毫米，平均日照1 218.7小时，年平均无霜期317天。水稻栽培以人工移栽为主，机械化程度低、劳动强度大、水分与养分利用率低、生产成本高、种粮效益低，使生产者种粮积极性下降，冬闲田普遍存在或出现耕地撂荒现象。为了解决上述问题，永川区从2017年开始应用该项技术，能够改善稻田土壤环境，有效调节水、热、气、肥，人为增加耕层厚度5厘米，耕层土壤水稳性大团聚体含量提升30%，土壤交换孔隙提高20%，土壤有机质含量提高0.2%～0.5%。同时，每亩可节约2～3个劳动力，节约生产成本180～200元，实现水稻与油菜分别增产10%～20%和15%～30%。

7 效益分析

7.1 经济效益

在丘陵山区稻油轻简化垄作直播固碳增效技术模式下，油菜季旋耕起垄，水稻季免耕，并采用垄作直播方式，省去了油菜与水稻育苗、转运及移栽等环节，每亩可节约2～3个劳动力，节约生产成本180～200元，水稻与油菜分别增产10%～20%和15%～30%，每亩可实现节本增收350元以上。

7.2 社会效益

通过丘陵山区稻油轻简化垄作直播固碳增效技术模式的实施，耕地质量和综合产能将得到进一步提高，对促进粮食增产、农民增收，推动农业生产的可持续发展，促进社会主义新农村建设，确保国家粮食安全具有重大作用，社会效益明显。

7.3 生态效益

应用该技术模式后，土壤有机质含量提高 0.2％～0.5％，20 厘米耕层土壤每亩可增加 0.32～0.80 吨有机碳（土壤容重 1.2 克/厘米^3），可减排 1.17～2.94 吨 CO_2，实现了西南丘陵山地水田土壤固碳与综合产能的协同提升；有效调节土壤水、热、气、肥，提高土壤保水保肥能力，提升水分和养分利用效率，减少水肥流失，降低面源污染的风险与程度；还能提高秸秆资源化利用率，减少秸秆粉碎与化肥投入，保护乡村生态环境，促进营造美丽乡村。

（倪九派　谢德体　魏朝富　高明　钟守琴　魏灵）

红壤旱地酸化防治综合技术模式

1 解决的主要问题

南方红壤旱地以"酸、瘦"为基本特征，特别是土壤酸化引起一系列土壤物理、化学和生物学性质退化，严重威胁了红壤旱地资源的高效利用和产能发挥。然而，不同酸化阶段红壤作物生长的关键限制因子及酸化风险不同，其中，强酸性红壤旱地（pH＜5.0）交换性铝含量超过大部分农作物的酸害阈值，铝毒害严重，治理后易复酸，土壤贫瘠有机质含量低、中微量元素缺乏。

2 技术原理

主要技术途径：采用石灰类物质（包括生石灰、熟石灰、白云石、牡蛎壳、石灰石和草木灰等）快速降低酸害，提升土壤 pH，降低交换性铝含量，消除铝毒；施用有机肥（以灰化碱含量超过 90 厘摩尔/千克的堆肥、商品有机肥等为佳）、秸秆还田，降低土壤系统产酸量，提升红壤抗酸化能力，同时培肥土壤和补充中微量元素等，实现强酸性红壤旱地快速改良、地力提升和作物高产。

3 适用范围

强酸性（pH＜5.0）、有机质含量低（SOM＜1.5％）的红壤旱地。

4 操作要点

以三年为一个改良周期，其中：第一年以快速降酸、补充中微量元素和提高作物产量为主，第二年和第三年重在提升红壤抗酸化能力、稳定 pH、培肥土壤和作物高产。三年改良周期后，技术模式调整为适宜酸性和弱酸性红壤旱地的阻酸培肥和控酸稳产技术模式。具体田间操作步骤如下：

4.1 第一年

（1）石灰类物质快速降酸 根据当地获取石灰类物质的方便程度，选取相应的石灰类物质材料，种植作物前 1 个月左右将石灰类物质机械撒施于土壤表层，随即翻耕至 0～20厘米土层。具体石灰类物质用量如下表所示：

石灰类物质施用量

酸化程度	作物类型	生石灰（千克/亩）	熟石灰（千克/亩）	白云石（千克/亩）	牡蛎壳灰（千克/亩）	石灰石（千克/亩）	草木灰（千克/亩）
pH≤4.5 极强酸性	玉米	130～150	140～160	170～200	250～290	180～210	280～330
	花生	100～120	110～130	140～170	200～240	150～180	220～260
4.5<pH<5.0 强酸性	玉米	80～100	88～110	112～140	152～190	120～150	176～220
	油菜	80～100	88～110	112～140	152～190	120～150	176～220
	花生	50～70	55～77	70～98	95～133	75～105	110～154

撒石灰（左）和混匀（右）

（2）有机肥补充中微量元素、提升红壤抗酸化能力和培肥土壤　播种前 2～3 天，以基肥形式一次性条施，对于 pH≤4.5 的土壤用量为 240～300 千克/亩（以干重计），对于 4.5<pH<5.0 的土壤用量为 200～260 千克/亩（以干重计）。

（3）种植管理　作物播种、氮磷钾肥及田间管理与常规耕种方式相同。

（4）秸秆全量还田　作物（玉米、花生或油菜）收获后，秸秆机械粉碎还田；小田块或坡耕地可采用秸秆覆盖还田。

秸秆粉碎和直接覆盖还田

4.2 第二年

（1）施用 10～15 千克/亩石灰类物质　稳定土壤 pH。

（2）有机肥补充中微量元素、提升红壤抗酸化能力和培肥土壤　播种前 2～3 天，以基肥形式一次性条施，施用量为 300 千克/亩左右（以干重计）。

（3）种植管理　作物播种、施肥及田间管理与常规耕种方式相同。

（4）秸秆全量还田　作物（玉米、花生或油菜）收获后，秸秆机械粉碎还田；小田块或坡耕地可采用秸秆覆盖还田。

4.3 第三年

（1）施用 10～15 千克/亩石灰类物质　稳定土壤 pH。

（2）有机肥补充中微量元素、提升红壤抗酸化能力和培肥土壤　播种前 2～3 天，以基肥形式一次性条施，施用量为 300 千克/亩左右（以干重计）。

（3）种植管理　作物播种、施肥及田间管理与常规耕种方式相同。化学氮肥用量较常规施氮量可减少 10%～20%。

（4）秸秆全量还田　作物（玉米、花生或油菜）收获后，秸秆机械粉碎还田；小田块或坡耕地可采用秸秆覆盖还田。

4.4 注意事项

（1）施用石灰类物质宜在冬季或春季进行，施肥播种前 1 个月左右操作，避免引起肥料挥发损失，以及影响作物出苗。将农用石灰类物质均匀撒施在耕地土壤表层，然后进行翻耕或旋耕，使其与耕层土壤充分混合。也可利用拖拉机等农机具，通过加挂漏斗进行机械化施用或与秸秆还田等农艺措施配合施用。

（2）石灰类物质尽量机械翻耕至 0～20 厘米土层，保证降酸效果。

（3）有机肥施用后需翻压至 10 厘米左右，保证肥效。

（4）因各有机肥之间含水量差异较大，有机肥用量以干重计，对于水分含量较高的堆肥可通过含水量转化为鲜重。

5　已推广面积、具体区域、取得成效

该技术从 2009 年开始，采取边研究、边示范、边推广的方式，通过长期定位试验引领、典型县示范带动、土壤酸化防治技术宣传手册等资料发放、推广技术人员培训及现场会等方式进行推广应用。2015 年开始，在湖南等省份累计示范和推广 120 万亩，在极强酸性红壤上（pH≤4.5），pH 提高 0.8～1.2 个单位，作物大幅度增产；在强酸性红壤上（4.5<pH<5.0），pH 提高 0.4～0.8 个单位，作物增产 14%～22%。

6　典型案例材料

湖南省永州市祁阳市文富市镇官山坪村，位于典型红壤区。该区气候条件为亚热带季风气候，年均温、降雨量、蒸发量、无霜期和日照时数分别为 18.0℃、1 255 毫米、1 470 毫米、300 天和 1 610 小时。该区旱耕地以第四纪红土和页岩等酸性母质发育的红壤为主，长期过量施用化学氮肥导致土壤酸化严重。针对 pH 4.48 的极强酸性土壤，第一年施用生石灰 150 千克/亩快速降酸，施用堆肥 260 千克/亩（以干重计），秸秆覆盖还田。第二年和第三年均施用生石灰 10 千克/亩，施用堆肥 300 千克/亩（以干重计），秸秆覆盖还田。一个改良周期后土壤 pH 提高了 1.24 个单位，稳定在 5.70 以上，土壤交换性铝含量降低至 0.14 厘摩尔/千克以下，有机质提升了 1.06 克/千克，交换性钙、镁分别提高了 2.21 厘摩尔/千克和 1.61 厘摩尔/千克，酸缓冲容量提升了 39.5%，作物平均增产 21%，达到了强酸性红壤旱地快速改良、培肥和作物高产的目标。

7 效益分析

7.1 经济效益

（1）对于 pH≤4.5 的土壤，pH 提高 0.8~1.2 个单位，作物大幅度增产，3 年亩增加收入 385~540 元。

成本核算（3 年）

序号	项目	玉米（3 年）（元/亩）	花生（3 年）（元/亩）
1	石灰类物质	65~75	50~60
2	深翻	50	50
3	有机肥	330	300
4	劳动力投入	200	180
	合计	645~655	580~590

效益增加

作物	第一年 增产（千克/亩）	第一年 增收（元/亩）	第二年 增产（千克/亩）	第二年 增收（元/亩）	第三年 增产（千克/亩）	第三年 增收（元/亩）	3 年累计 增产（千克/亩）	3 年累计 增收（元/亩）
玉米	200	520	120	312	80	208	400	1 040
花生	80	640	40	320	20	160	140	1 120

注：玉米 1.3 元/斤 *，花生带壳 4 元/斤。

（2）对于 4.5<pH<5.0 的土壤，pH 提高 0.4~0.8 个单位，作物增产 14%~22%，3 年亩增加收入 580~770 元。

* 斤为非法定计量单位，1 斤=1/2 千克。——编者注

成本核算（3 年）

序号	项目	玉米（3 年） （元/亩）	油菜（3 年） （元/亩）	花生（3 年） （元/亩）
1	石灰类物质	65	80	50
2	深翻	50	50	50
3	有机肥	300	300	260
4	劳动力投入	200	200	180
合计		615	630	540

效益增加

作物	第一年		第二年		第三年		3 年累计	
	增产 （千克/亩）	增收 （元/亩）	增产 （千克/亩）	增收 （元/亩）	增产 （千克/亩）	增收 （元/亩）	增产 （千克/亩）	增收 （元/亩）
玉米	260	676	150	390	70	182	480	1 248
油菜	100	700	60	420	40	280	200	1 400
花生	60	480	50	400	30	240	140	1 120

注：玉米 1.3 元/斤，油菜籽 3.5 元/斤，花生带壳 4 元/斤。

7.2 生态效益

红壤旱地酸化防治综合技术模式的大面积示范推广，显著提高了土壤质量和抗酸化能力，促进了畜禽粪便、作物秸秆等有机废弃物资源的高效利用，产生了积极的生态环境效益。

7.3 社会效益

该模式涉及的石灰类物质精准施用快速降酸和有机肥阻酸技术，在南方酸化旱地大面积推广，带动了畜禽粪便和秸秆腐熟等有机肥产业的快速发展。

（蔡泽江　徐明岗　张璐　张会民　文石林）

南方红壤区酸化
稻田治理与综合培肥技术模式

1　解决的主要问题

我国南方红壤发育程度高、淋溶作用强烈，并且由于长期不合理施肥和缺乏有机物料投入，导致土壤酸化严峻，有机碳库容贫瘠，严重影响了稻田生产力。针对南方酸化稻田治理，其核心是控制化肥投入，降低土壤酸度，提高有机质含量和酸缓冲性能。

2　技术原理

利用农闲期进行土壤酸化治理，稳步提高土壤 pH，提升土壤稳定性有机质含量，降低土壤潜性酸，提升土壤缓冲容量，提高肥料利用率，促进作物增产稳产。其主要技术路径：

（1）筛选和研发高效绿色适用性强的新型酸性土壤改良剂产品（富含钙镁硅的矿物调理剂、富含腐植酸的有机调理剂），根据土壤本底 pH 和地力水平，精准降低土壤酸度。

（2）综合采取秸秆粉碎还田、有机替代、绿肥种植等措施，培肥土壤，提高土壤酸缓冲容量，促进土壤降酸固碳培肥。

（3）推广应用化肥定额制配套技术，推广新型配方肥（缓控释肥）、侧深施肥等配套措施减少氮肥投入，提高作物养分利用率，阻控土壤酸化。

3　适用范围

针对南方红壤区酸化（pH<5.5）、有机质含量低（低于 20 克/千克）的稻田。

4　操作要点

以一年为一个耕作周期，根据土壤本底 pH 和地力水平，于闲田期添加一定量的适宜的土壤改良剂，结合秸秆粉碎还田或配合有机肥施用改良土壤，根据不同耕作制度合理施用化肥。操作步骤如下：

4.1　调研稻田土壤酸度和肥力状况

调研稻田土壤酸化特征，摸清本底 pH 和肥力状况，为降酸和培肥提供基础数据。

4.2 确定土壤改良剂的类型和用量

根据目标土壤类型，有机质含量，土壤初始酸碱度和土壤目标酸碱度等指标，利用已建立的相关土壤酸化物料投入模型，确定相关土壤改良剂的种类和适宜用量。

酸化土壤改良碱性物料投入模型

4.3 水稻种植前撒施改良剂

在种植水稻一周前，根据前期本底 pH 和肥力状况数据，施用矿物源、有机源调理剂（本底 pH＜4.5 时，施用富含钙镁硅的矿物调理剂 80～120 千克/亩或者富含腐植酸土壤调理剂 150～200 千克/亩；4.5＜pH＜5.5 时，施用富含钙镁硅的矿物调理剂 50～80 千克/亩或者富含腐植酸土壤调理剂 100～150 千克/亩），可配合施用 300 千克/亩的有机肥。可采用机械撒施或人工撒施。

改良剂机械与人工撒施

4.4 改良剂翻耕入土

采用机械翻耕，将改良剂与表层（0～15厘米）土壤充分混匀、搁置1周左右再进行基肥施用与秧苗移栽。

改良剂机械翻耕作业

4.5 水稻种植与水肥管理

根据浙江省主要农作物化肥定额制推荐用量，合理控制肥料投入量，化肥总养分投入不高于26千克/亩。优先选用缓释肥、配方肥，可采用基肥深施、在水稻分蘖期至齐穗期追肥，提高肥料利用率。

4.6 秸秆粉碎还田

水稻收获季采用机械收割机，将秸秆粉碎还田。

机械收割作业与秸秆粉碎还田

4.7 注意事项

碱性改良剂应避免与化肥，特别是氮肥同时施用造成氮素损失。改良剂应与土壤充分混匀，应搁置 1 周后再行播种与施肥。

5 已推广面积、具体区域、取得成效

该技术自 2018 年开始，在农业农村部的项目支持下，在浙江省杭州市临安区、富阳区、长兴县、浦江县和龙游县等酸化耕地治理县开展推广应用，4 年间累计应用面积 50 余万亩。该技术可使土壤 pH 提高 0.7～1.5 个单位、土壤有机质平均增加 2 克/千克，减施化肥 10% 以上，水稻产量增加 10% 以上，取得了降酸、培肥、减氮、增效的效果，连续 3 年召开全省土壤酸化治理技术现场会；2022 年，浙江省农业农村厅、财政厅联合启动实施酸化土壤治理示范项目，向全省推广应用该技术。

6 典型案例材料

案例 1：杭州市临安区地处浙江省西北部天目山区。全区土壤总体酸性较重，酸化明显（近 20 年来 pH 降低 0.5～1.5 个单位）。为解决上述问题，促进耕地的可持续利用，临安区自 2010 年开始研究和推广耕地土壤酸化改良与沃土技术，通过不同类型土壤调理剂施用，配合秸秆还田与有机肥替代化肥，严格控制化肥投入，使得治理区稻田土壤 pH 稳定在 6.5 以上，土壤有机质平均增加 2 克/千克，水稻产量平均增加 12%。

案例 2：金华市浦江县黄宅镇上山村，作为上山文化的发源地，水稻种植达万年之久，但是由于长期过量施用化肥和有机肥投入不足，导致该地土壤酸化，有机质含量较低（示范基地酸化严重的土壤 pH 5.4，有机质含量仅 19 克/千克，甬优 15 品种产量 430 千克/亩）。自 2020 年以来，通过自主研发的含腐植酸土壤改良剂施用，合理控制化肥投入，调酸与培肥同步进行，治理区稻田土壤 pH 平均提升 0.8 个单位，土壤有机质平均增加 1.3 克/千克，水稻产量平均增加 10%。

7 效益分析

7.1 经济效益

以单季稻种植、一年内施用一次改良剂为例。改良剂、有机肥和撒施费成本每亩增加 284 元，但水稻产量相比传统模式（560 千克/亩）每亩提高 90 千克，以 4 元/千克稻米价格计算，每亩提高经济效益 76 元。

土壤改良等施用成本分析

项目	传统模式（元/亩）	该模式（元/亩）	成本增减（元/亩）
改良剂		104	104
有机肥		120	120
撒施费		80	80

（续）

项目	传统模式（元/亩）	该模式（元/亩）	成本增减（元/亩）
翻耕	120	120	0
化肥	200	180	−20
合计	320	604	284

注：土壤调理剂等改良剂 1 300 元/吨，撒施量按 80 千克/亩计算；有机肥 600 元/吨，施用量按 200 千克/亩计算；化肥按常规复合肥 5 000 元/吨，每亩施用 40 千克计算。

7.2　生态效益

该技术的实施有效提升了实施区酸化稻田地力，改善了耕地质量，酸化治理区土壤 pH 可提高 0.5 个单位以上，土壤有机质含量显著上升，减施化肥 10% 以上，显著提高了土壤微生物活性和养分利用率，降低了农业面源污染风险，实现生产、生活、生态三者和谐统一。

7.3　社会效益

通过示范、培训、推广，建立了"生产＋科研＋企业＋基地"农业技术推广新机制，加快酸化土壤治理和科学施肥技术应用，促进企业新产品开发应用，提高了实施区种植户酸化土壤治理改良和科学施肥技术水平，达到了降酸提质、水稻增产、农民增收的效果，社会效益显著。

（虞轶俊　陈俊辉　秦华　马军伟　邬奇峰　刘晓霞　张均华　孔亚丽）

盐碱耕地治理技术模式

西北盐碱地"深松+石膏+秸秆覆盖+覆土+灌溉淋洗"改良集成技术模式

1　解决的主要问题

西北属干旱、半干旱气候区，降水稀少，气候干旱，水资源极其缺乏。随着经济社会的发展，水资源供需矛盾十分突出。同时，由于水资源过度开发和不合理利用，一方面土地发生盐渍化，另一方面地下水位下降造成土地盐碱性荒漠化，目前呈扩大趋势，导致生产力的严重衰退，甚至严重到足以使生产者弃耕撂荒。因此，加快西北地区土地盐碱化的治理，已成为当务之急。

西北地区气候干旱，土壤蒸发强烈，土壤中的水分含量极少，导致在地表蒸发过程中地下水会沿着土壤毛细管上移，盐分随之上移，水分随蒸发过程耗散于大气，而盐分则留在土壤表层，当盐分离子积累达到一定高的浓度时，就发生土壤盐渍化。一般蒸降比＞5的地区，土壤易发生盐化；蒸降比＞10的地区，有盐土发生。西北地区普遍蒸降比在10以上，绝大部分地区蒸降比在25以上。同时，西北地区风大，风为盐分的搬运提供了动力。

可见，在西北地区采用单纯的灌溉洗盐或化学改良盐碱土，都无法从根本上解决该地区的蒸降比问题，也就是说无法控制盐碱土成因的主导因素。为此，采用盐碱土经典的灌溉洗盐和化学改良的措施，结合西北地区盐碱土成因的特点，在长期的实践探索过程中研究发现"深松+石膏+秸秆覆盖+覆土+灌溉淋洗"的集成技术模式不仅可有效解决土壤盐渍化的问题，而且可以在稳产甚至增产基础上显著提高水分与养分利用效率、节约水肥资源并保护生态环境，促进我国同类地区盐碱农田可持续高效利用。

2　技术原理

主要技术路径：通过深翻打破犁底层，使土壤剖面水盐运移畅通；施用钙制剂，利用钙制剂中的Ca^{2+}置换盐渍化土壤中的Na^+，改善土壤钠吸附比；通过秸秆覆盖，一方面抑制土壤水分蒸发，另一方面提高土壤有机质，改善土壤物理性状；通过灌溉淋洗，将置换出的Na^+淋洗至土壤深层排出，实现盐渍化土壤的可持续利用。

盐碱地改良效果评价可用"单项洗盐指数"和"综合洗盐指数"去评价。用B_i表示

土壤剖面 i 离子改良前的实测含量；用 A_i 表示土壤剖面 i 离子改良后的实测含量；用 S_i 表示土壤剖面盐分离子中 i 离子的单项洗盐指数。

$$S_i = A_i / B_i$$

$S_i < 1$ 时，判断为改良（洗盐）有效；$S_i \geqslant 1$ 时，判断为改良（洗盐）无效。

淋洗对土壤各盐分离子的作用及淋洗后盐分离子浓度变化最小的离子对淋洗效果的影响，其计算公式为

$$S_{综} = \{ [(S_{min})^2 + (S_{ave})^2] / 2 \}^{0.5}$$

$S_{综}$ 为综合洗盐指数，S_{min} 为参加评价的盐分离子中单项洗盐指数的最小值，S_{ave} 为土壤盐分离子中单项洗盐指数的平均值。$S_{综} < 1$ 时，判断为综合洗盐有效；$S_{综} \geqslant 1$ 时，判断为综合洗盐无效。

3 适用范围

该技术模式适合于地下水位埋藏较深（大于 1.5 米）、土壤剖面透水性较好的盐渍化土壤。特别是对钠盐含量过高造成的钠盐危害的盐渍化土壤效果非常明显。地下水位埋藏较浅（小于或等于 1.5 米）的盐渍化土壤不太适用。

4 操作要点

以两年为一个轮作和耕作周期。第一年种植小麦，小麦收获后进行土壤深耕、增施石膏、秸秆一次地表覆盖覆土以及灌水洗盐；第二年种植玉米。具体田间操作步骤如下：

土壤深翻或深松

4.1 第一年种植小麦

土壤深耕、增施石膏以及小麦秸秆一次性地表覆盖覆土以及灌溉洗盐技术。

4.1.1　土壤深耕

秋季小麦收割后对盐渍化土壤进行深耕（30厘米以上），打破犁底层，使土壤剖面水盐运移畅通，且使耕层土壤疏松，有利于盐分离子的淋洗。

4.1.2　施用石膏

利用石膏中的 Ca^{2+} 置换盐渍化土壤中的 Na^+，调节盐渍化土壤钠吸附比（SAR）。

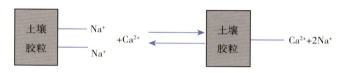

钙钠离子交换反应示意图

石膏的用量根据土壤盐渍化的程度施用。一般盐分含量在3克/千克以下的轻度盐渍化土壤，施用石膏100～200千克/亩；盐分含量在3～6克/千克之间的中度盐渍化土壤，施用石膏200～400千克/亩；盐分含量在6～10克/千克之间的重度盐渍化土壤，施用石膏400～1 000千克/亩。石膏的需用量也可根据吸附钙的数量精准计算。

4.1.3　秸秆覆盖

在表土覆盖15～25厘米厚的小麦等秸秆。当季在秸秆覆盖后，每亩应用秸秆腐熟剂2～3千克加尿素5千克兑清水40升，均匀喷洒在地表的秸秆上，调节碳氮比，加快秸秆腐熟。

4.1.4　覆土

秸秆覆盖后，在秸秆上覆少量的土壤（土层厚度2～5厘米），一方面可加速秸秆的腐化，另一方面可防止秸秆被大风刮起以及秸秆直接暴露容易发生火灾。

4.1.5　灌溉淋洗

秸秆覆盖后进行灌溉，灌溉量为80～120米³/亩（沙壤土80米³/亩，壤土100米³/亩，黏土120米³/亩）。秸秆覆盖后及时进行大水漫灌，一方面有利于盐分离子的淋溶下移，另一方面有利于促进秸秆腐解。另外，灌溉淋洗可将土壤中置换出的 Na^+ 及易溶性的盐分离子淋洗至土壤深层排出。

4.2　第二年种植玉米

实施秸秆覆盖免耕播种。玉米播种、施肥及田间管理同常规耕作模式。

4.3　注意事项

4.3.1　该项技术适宜在夏季（7—8月）麦子收割后立即实施，不宜太迟，这是因为高温有利于盐分离子的淋洗。

4.3.2　秸秆地表覆盖后一定要在秸秆上面覆盖少量的土，一方面加速秸秆腐化，另一方面防止秸秆被大风刮起。

4.3.3　该项技术如果应用于盐渍化土壤种植树木，应在行间和树盘下全覆盖，覆盖层不要破坏，一年覆盖多年有效。

5 已推广面积、具体区域、取得成效

该项技术从 1999 年开始在甘肃省秦安县开展试验，2003 年开始在甘肃秦安、甘谷、静宁、庄浪 4 个县叶缘焦枯的苹果园推广应用。2010—2021 年应用范围进一步扩大到瓜州、玉门、金塔、高台、临泽、甘州、民勤、景泰、靖远和平川等 10 个县（市）。通过该项技术实施，土壤 pH 较对照降低 0.3 个单位，交换性钠较对照降低 9.1%，碱化度较对照降低 19.9%，作物产量增加 10% 以上。

6 典型案例材料

甘肃省秦安县的气候特点是干旱、年降雨量小、蒸发量大，且降雨在年内各月分配不均。在这种气候条件下，成土母质中的可溶盐类无法淋滤下移，而蒸发作用又将地下水、土壤盐分提升上来聚积于表层土壤内，加上灌溉不当等人为原因，导致果园次生盐渍化的发生，地上症状主要表现为苹果叶缘焦枯。为了解决上述问题，甘肃省农业科学院土壤肥料与节水农业研究所从 1999 年开始采用"深松＋石膏＋秸秆覆盖＋覆土＋灌溉淋洗"的技术模式，试验区 1 年后 pH 较对照降低 0.3 个单位，交换性钠较对照降低 9.1%，碱化度较对照降低 19.9%，苹果叶缘焦枯的防治率在 95% 以上，而且 1 年施用，可在 5 年内完全有效。

7 效益分析

7.1 经济效益

采用"深松＋石膏＋秸秆覆盖＋灌溉淋洗"的技术模式，苹果亩增产 273.8 千克，亩增加经济效益 1 095.2 元。示范区苹果亩增产 150～300 千克，亩增加经济效益 600～1 200 元，而且 1 年施用可在 5 年内完全有效。大田作物耕层土壤盐分含量下降 21.5%～32.8%，节水 80～100 米³/亩，作物产量增加 6.8%～19.7%。

成本核算：采用"深松＋石膏＋秸秆覆盖＋灌溉淋洗"改良模式，每亩地的改良成本为 650～910 元。

节本增效：如果按照种植苹果计算，1 年施用可在 5 年内完全有效。1 亩地的改良成本 1 年可以收回，其余 4 年可增收 2 400～4 800 元/亩，经济效益十分显著。

7.2 社会效益

采用此技术模式解决了盐渍化土壤后备耕地资源的可持续利用问题，让生态环境"绿起来"，盐渍化土地"用起来"，让越来越多的百姓切实享受到生态修复治理带来的红利。同时，通过技术宣传和培训，让人们了解土壤健康的重要性，提高人们对维护健康生态系统和人类福祉重要性的认识，促进乡村振兴产业的发展，同时也极大地促进西北地区全面建成小康社会。

7.3 生态效益

采用该技术模式，耕层达到 30 厘米左右，土壤 pH 降低 0.2 个单位，交换性钠降低

5%以上，碱化度降低 10%以上。一方面解决了盐渍化土壤裸露刮风起沙尘暴的现象，另一方面为秸秆资源化利用提供技术支撑。同时，盐渍化土壤的改良促进了西北脆弱生态环境的恢复，有利于实现绿水青山。

（郭全恩　曹诗瑜　郭世乾　车宗贤　崔增团　郭天文　王卓）

新疆内陆干旱区盐碱地
生物改良利用技术模式

1 解决的主要问题

干旱区降水稀少、蒸发强烈。盐渍土壤及次生盐渍化耕地占比极大，制约着土地资源开发和农业可持续发展。现今，传统的大水洗盐以适应农作物生长的盐碱地改良模式难以为继。农业灌溉主推滴灌技术，滴灌淡化了耕作层的土壤盐分，但不能使盐分排出土体。筛选经济型盐生植物，对重度盐渍化农田或盐碱地原土种植利用与改良，建立盐碱地生物改良利用技术模式，符合习近平总书记提出的"由治理盐碱地适应作物向选育耐盐碱植物适应盐碱地转变，挖掘盐碱地开发利用潜力，努力在关键核心技术和重要创新领域取得突破"。

2 技术原理

新疆有 320 种盐生植物。此类植物能通过自身器官肉质化、离子区隔化和渗透调节等方式将进入体内的 Na^+ 稀释到不致害浓度，使其在 200～400 毫摩尔/升的盐度下正常生长。藜科真盐生植物灰分累积量为 187.4～447.9 克/千克，从土壤中吸收的可溶性盐高达 300～400 克/千克，占植株干重的30%～40%，俗称"吃盐植物"。通过刈割真盐生植物地上部分移除其吸收的土壤盐分，即可降低盐渍土的含盐量。通过节水滴灌技术创造种子萌发低盐湿润环境，结合盐生植物"吃盐"和耐盐豆科植物培肥，构建"节水抑盐＋生物排盐＋生物培肥"的盐碱地原土种植改良利用技术体系，经过 2～3 年的真盐生植物的种植改良，即可实现普通作物的正常生长并获得较高的产量。

3 适用范围

新疆及中亚内陆干旱地区，干旱和半干旱区盐碱地、中度及重度次生盐渍化的耕地，土壤含盐量在 12～30 克/千克的盐碱地均可应用。

4 操作要点

针对盐碱地以 3～4 年为一个改良周期。前 2～3 年种植"吃盐植物"，地上部分收割后可开发制作蔬菜、青贮饲料或生物炭等；根据土壤盐分降低状况，在第 3 年或第 4 年种

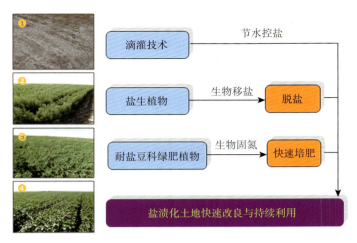

技术模式原理框架图

植草木樨豆科绿肥，当年草木樨地上部分可收获做饲草，翌年进行土地旋耕种植农作物。具体田间操作步骤如下：

4.1 前2～3年种植"吃盐植物"

结合滴灌技术创造种子萌发低盐湿润土壤环境，提升"吃盐植物"出苗率和保苗率。

4.1.1 "吃盐植物"种植

4月中下旬即可种植，种植前进行犁耙平整作业，犁深20厘米，耙平；间距80～100厘米铺设滴灌带，将掺拌了沙土或有机肥的"吃盐植物"种子播撒在沟底滴灌带两侧。

"吃盐植物"播种

4.1.2 灌水管理

播种后即进行滴灌，每天滴灌1次，以相邻滴灌带湿润锋相接为准；4～6天后，间隔2天滴水1次，仍以相邻滴灌带湿润锋相接为准。出苗显行后，间隔5～7天滴水1次，灌水量控制在 8～10 米³/亩；封行后，间隔 10～12 天滴水 1 次，灌水量控制在 15～20 米³/亩，生育期灌溉量 200～250 米³/亩。9 月中下旬可采收地上部分制作饲料，采收前 10 天停止滴水。

"吃盐植物"种植管理

4.1.3 "吃盐植物"地上部分采收

在"吃盐植物"生长进入花期营养价值最高时，采收地上部分，晾晒至含水量为 60%～70%时，粉碎后与常规青贮料按 1：2 的质量比混合制作青贮饲料。

"吃盐植物"收割

4.1.4 施肥管理

在"吃盐植物"生长期，可分期随水滴施尿素，尿素施用量 30～50 千克/亩。

4.2 第 3～4 年种植草木樨

连续种植"吃盐植物"2～3 年后，土壤含盐量下降到 10 克/千克以下，采用节水滴灌方式种植豆科植物草木樨培肥土壤。

4.2.1 播种作业

采取春季播种草木樨，播种前进行犁耙平整作业。采用滴灌条播方式，滴灌带铺设为一管两行，滴灌带间距 60 厘米，播种行间距 30 厘米，种子入土 2～3 厘米，种子用量为 1.5～2.0 千克/亩。

草木樨播种

4.2.2 灌水管理

一般在 4 月中下旬播种,播种后即滴出苗水,间隔 2～3 天滴水 1 次,每次灌水量 10 米³/亩。一般 5～6 天现苗,显行后间隔 9～10 天滴水 1 次,每次灌水量 15 米³/亩;封行后间隔 12～15 天滴水 1 次,每次灌水量 20～30 米³/亩。9 月上旬停止滴水,9 月下旬采收地上部分做饲料,生育期共灌水 10～12 次,总灌溉量在 280～300 米³/亩。

4.3 第 4 年或第 5 年开始种植棉花或其他作物

翌年春将草木樨旋耕,采取膜下滴灌种植棉花等作物。

4.4 注意事项

4.4.1 该项技术模式最适宜在配置有滴灌系统的土地进行,淡水灌溉更有利于耕层土壤快速脱盐,缩短盐碱地改良周期。

4.4.2 种植的"吃盐植物"地上部分要刈割利用,保证将盐生植物吸收的盐分带出农田。

5 已推广面积、具体区域、取得成效

该项技术从 2008 年开始在北疆克拉玛依农业综合开发区开展试验。2008 年在克拉玛依市克拉玛依区、白碱滩区,新疆生产建设兵团第 51 团、第 33 团,喀什地区莎车县、岳普湖县、伽师县,和田地区的和田市、墨玉县,巴音郭楞蒙古自治州轮台县、博湖县、尉犁县、阿克苏柯坪县、库车市,昌吉地区的吉木萨尔县、奇台县等地推广应用 10 多万亩。此外,2015 年以来该技术还在宁夏平罗、内蒙古五原、山东东营等地推广应用。通过该项技术实施,土壤耕层盐分下降 80%～90%,耕作层土壤容重下降超过 15%,土壤孔隙度增加 20% 以上,有机质、全氮、碱解氮分别增加 30%、19%、15%,每亩地能生产 5～7 吨的青贮鲜料。

6 典型案例材料

克拉玛依农业综合开发区位于克拉玛依市东南 10 千米的准噶尔盆地西北边缘湖积平

原，属典型的温带大陆性干旱荒漠气候，多年平均降水量 105.3 毫米，潜在蒸发量 3 545 毫米。开发区地带性土壤主要为湖积母质发育而成的沼泽土和沉积母质发育成的各类盐土，土壤质地黏重致密，新开垦土地中，非盐渍化土地仅占 33.2%。2008 年开始在耕层（0~20 厘米）土壤总盐含量 35~45 克/千克的 500 亩盐碱地采用滴灌技术种植盐地碱蓬，刈割盐地碱蓬地上部分干生物量可达 1 200 千克/亩，盐地碱蓬地上部灰分盐含量 28%，刈割带出的盐量约 400 千克/亩，同时由于地表覆盖抑盐，根系改善土壤结构促进盐分向深层淋洗，土壤脱盐效果明显。2008 年 10 月 0~20 厘米的土壤总盐含量下降到 28.5 克/千克，2009 年土壤总盐含量下降到 20.5 克/千克，2010 年土壤总盐含量下降为 10.9 克/千克。Na^+ 和 Cl^- 被植物吸收和向土壤深层淋溶，经过 3 年的种植，两种离子在上层土壤中的下降率均在 49%。种植区盐分主要来自灌溉，灌溉量为 250 米³/亩，灌溉水平均盐度为 0.21 克/升。因此，进入土壤盐量为 52.5 千克/亩，植物带走的盐分是灌溉水引入盐量的 7.67 倍，通过多年种植盐生植物可实现土壤脱盐。2011 年种植草木樨豆科绿肥培肥地力，2012 年种植棉花，产量达到 300 千克/亩中产水平。

7 效益分析

7.1 经济效益

重度盐渍化的荒地或耕地，直接种植农作物，其土地生产力几乎为零。而种植"吃盐植物"，土地生产力将大幅提升，收割加工饲料可产生较高的经济效益。以和田土壤总含盐量 21.12 克/千克盐碱地 2017 年和 2018 年种植盐地碱蓬为例，成本均在 630 元/亩。2017 年生产青贮料 5 000 千克/亩，2018 年生产盐地碱蓬青贮料 6 000 千克/亩，以 0.3 元/千克计算，亩收益分别为 1 500 元、1 800 元，两年平均年收入在 1 650 元/亩，两年平均种植效益在 1 020 元/亩。

种植效益分析

年份	投入项	单位面积投入	价格	单位面积（亩）投入
2017	盐地碱蓬种子	1.0 千克/亩	150 元/千克	150 元
	化肥（尿素）	40 千克/亩	2 元/千克	80 元
	滴灌毛管	700 米/亩	0.10 元/米	70 元
	水带	4 千克/亩	15 元/千克	60 元
	耕地和播种	120 元/亩	120 元/亩	120 元
	收割	60 元/亩	60 元/亩	60 元
	水费	300 米³/亩	90 元/亩	90 元
	总计			630 元
2018	盐地碱蓬种子	1.0 千克/亩	150 元/千克	150 元
	化肥（尿素）	40 千克/亩	2 元/千克	80 元
	滴灌毛管	700 米/亩	0.10 元/米	70 元

（续）

年份	投入项	单位面积投入	价格	单位面积（亩）投入
	水带	4 千克/亩	15 元/千克	60 元
	耕地和播种	120 元/亩	120 元/亩	120 元
2018	收割	60 元/亩	60 元/亩	60 元
	水费	300 米³/亩	90 元/亩	90 元
	总计			630 元

7.2 社会效益

将盐碱低产田生产力提升和饲用盐生植物种植结合，兼顾盐碱地生物改良和畜牧业饲草料生产，可为盐碱地区农业及农村社会经济发展提供助力。

7.3 生态效益

该技术模式可有效利用所选的盐生植物使重度盐渍不毛地快速覆被，绿化、美化环境，促进营造美丽乡村。

（田长彦　赵振勇　买文选　张科　赵帅）

盐碱地青贮玉米—绿肥间作–带状轮作技术模式

1 解决的主要问题

　　山西地处内陆，地下水位高，年降雨量少、蒸发量大，盐碱地面积约 451.9 万亩，其中 315 万亩为耕地，占盐碱地面积的 70%，以雁门关农牧交错带上的大同盆地、忻定盆地面积最大。该地区土壤类型以褐土和栗钙土为主，母质以黄土母质为主。由于长期不合理耕作和缺乏有机物料投入，导致土壤耕层浅薄、有机质含量低、养分淋失严重，土壤容重、稳定性团聚体等物理性状变差，使大面积耕地盐渍化，进而影响作物正常的生长发育和产量的形成。因此，该区域耕地质量提升的关键在于"改土、培肥、抑盐碱"。

2 技术原理

　　主要技术路径：通过增施有机肥结合作物根茬还田，提高土壤有机质含量，有效改善土壤物理性状；通过间作豆科绿肥增加土壤固氮菌的丰度和群落多样性，提升土壤供氮能力和酶活性，从而提高作物产量；同时豆科绿肥可降低土壤 pH 与电导率，修复盐碱土壤，从而实现盐碱地土壤功能的稳步提升。

　　该技术模式是在青贮玉米—绿肥间作-带状轮作系统中融合增施有机肥、耕层土壤深耕细耙、作物根茬还田、倒茬轮作等农技、农艺措施而形成的盐碱地质量提升综合技术体系。该技术体系的核心在于种植体系中引入了豆科绿肥。首先，豆科绿肥可增加土壤有机质来源，提高土壤速效养分供应，快速改善土壤理化性状，实现培肥土壤的目标；其次，绿肥作物根系及其分泌物促进土壤大团聚体的形成，提高土壤微生物丰度，改善土壤微生态环境，进一步优化土壤结构，改良土壤物理性质，降低土壤盐渍化对作物根系的胁迫危害；第三，豆科绿肥的根瘤固氮，增加土壤氮素总量，减少氮肥施用量；第四，带状轮作技术可实现耕地不同强度的差异化利用和休耕，有助于耕地地力的保持和提升，综合以上多种技术措施在实现盐碱地高效利用的同时达到"改盐碱、减化肥、增产量、提效益"的高效农业目标。

3 适用范围

该技术主要适用于大同盆地、忻定盆地及其他地区，土壤类型以栗钙土、褐土为主。

4 操作要点

以两年为一个轮作周期。第一年青贮玉米—绿肥间作种植；第二年春季整地前撒施有机肥、随根茬深翻还田后，青贮玉米和绿肥种植带倒茬轮作。具体操作步骤如下：

4.1 第一年玉米—绿肥间作

实施玉米—绿肥条带状间作种植，秋季地上部一次性收获。

4.1.1 技术模式

采用2行：2行的玉米、绿肥配置模式，50厘米等行距，2米一个种植带。玉米株距17厘米，每穴1粒。玉米和绿肥作物均采用机械播种。

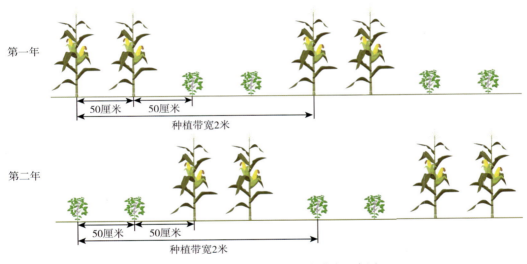

玉米—绿肥间作-带状轮作技术模式示意图

4.1.2 有机肥施用

在有条件的区域或地力较低的地区，购置商品有机肥（符合有机肥行业标准 NY/T 525—2021，有机质含量≥30%，养分含量≥4.0%，水分≤30%），用抛撒车将其均匀撒于地表，施用量为 3.0～4.0 吨/公顷。

4.1.3 深翻松土

采用200马力以上的机车牵引旋耕机进行深翻作业，翻耕深度25～30厘米，将有机肥、作物和绿肥根茬粉碎深翻入 25～30 厘米土层。

4.1.4 机械化播种

春季4月下旬到5月中上旬，采用施肥、覆膜和播种一体机进行作业，播种机设置为2行玉米、2行绿肥的2米带宽。

有机肥抛撒车田间作业　　　　　　　　　施肥覆膜播种一体机田间作业

4.1.5　收获

9月上中旬，采用青贮收获机对青贮玉米和绿肥一次性收获，制作混合青贮饲料。

青贮玉米—绿肥一体化机械收获

4.1.6　种植田间管理

在作物播后苗前喷施除草剂异丙甲草胺，其他田间管理措施与常规耕种方式相同。

4.2　第二年作物轮作倒茬

将青贮玉米种植带和绿肥种植带进行倒茬种植，其他措施与第一年相同。

5　作物品种选择

选择适合当地生态条件的青贮玉米和绿肥作物品种。青贮玉米宜选择耐密、抗倒伏、全株生物学产量高的品种；绿肥作物选择拉巴豆、饲用大豆、田菁等，同时根据品种的抗性和当地条件对种子进行包衣处理。

6 已推广面积、具体区域、取得成效

2018—2022 年，依托国家绿肥产业技术体系晋北综合试验站，采用科研单位和企业联合试验示范模式，由科研单位提供核心技术和培训服务，企业提供种植技术示范。在朔州、大同、忻州等地市建立核心示范基地 5 个，技术试验、示范面积共计 4 500 亩，累计推广辐射 12 万亩。通过该项技术的实施，土壤有机质年均增加 0.37 克/千克，全氮、碱解氮、速效磷分别提高 0.01 克/千克、1.2 毫克/千克和 0.8 毫克/千克，耕作层厚度增加至 30 厘米以上；混合青贮饲草增产 0.6～0.9 吨/亩，青贮玉米蛋白质含量提高 23.9 毫克/克；土壤 pH 每年降低 0.03，EC 值年均降低 0.52 毫西/厘米。

7 典型案例材料

2017 年以来，与朔州市骏宝宸农业科技有限公司联合，每年开展青贮玉米—绿肥间作-带状轮作技术示范 200 亩。混合饲草平均亩产 4.5 吨，售价 380 元/吨，比常规种植饲草增产 0.9 吨/亩，鲜草售价提高 40 元/吨，亩增收 486 元。豆科绿肥根茬还田可提高养分生产效率 10%，0～20 厘米土壤有机质、全氮、碱解氮、有效磷分别年均提高 0.25 克/千克、0.01 克/千克、1.3 毫克/千克和 0.6 毫克/千克，速效钾含量相对稳定。经检测，混合饲草青贮后干物质和粗脂肪含量比对照降低了 2.07 个、0.11 个百分点，但中性洗涤纤维、酸性洗涤纤维和粗蛋白含量比对照分别增加了 8.07 个、5.83 个和 0.45 个百分点。

8 效益分析

8.1 经济效益

在技术推广地区，青贮饲草产量 4.2 万吨/亩，较常规种植增产 17%，推广面积 12 万亩，增收 0.19 亿元，提高 13.24 个百分点。

技术模式效益分析表

技术模式	饲草产量（吨/亩）	售价（元/吨）	成本提高元/亩	增产（吨/亩）	示范面积（万亩）	产值（亿元/年）	增收（亿元/年）
该模式	4.2	380	210	0.6	12	1.92	0.19
常规种植	3.6	340	—	—	12	1.47	—

注：成本提高主要指绿肥种子（60 元/亩）、专用机械（70 元/亩）和除草（80 元/亩）带来的投入成本增加。

8.2 生态效益

盐碱地青贮玉米—绿肥间作-带状轮作技术模式的推广应用，显著提高了土壤质量，降低了土壤盐渍化程度。通过绿肥根茬还田和根瘤固氮，实现了 10%～15% 的氮肥减量施用和绿色替代，具有良好的生态效益。

8.3 社会效益

该项技术模式的实施促进了盐碱耕地质量的提升，解决土地保护和地力提升与农业生产力下降的矛盾，增强各级政府、基层农技人员、农民、种粮大户和新型农业经营主体在农业生产中对兼顾"稳定产量和改良土壤"双目标的信心，达到节本增效、改良盐碱地、培肥土壤的目的，促进地区种植业和畜牧业的可持续发展。

（程永钢　金辉　郑普山　孙崇凤　姜洪进　金江　刘鸿宇）

河北省种植水稻
滨海盐碱地治理技术模式

1 解决的主要问题

河北省滨海盐碱耕地水稻种植区，土壤含盐量高、质地黏重、理化性状差，造成作物盐碱胁迫，影响作物根系生长，成为作物产量的限制因素。滨海盐碱地治理以降低土壤含盐量，改善土壤理化性质为主。

2 技术原理

2.1 淡水洗盐

根据"盐随水来，盐随水去"水盐运动基本规律，通过淡水洗盐，降低土壤含盐量，为作物生长提供良好环境。

2.2 机械深翻

通过机械深翻作业，将作物根茬粉碎并翻入土中，增加耕层厚度，提高土壤有机质含量，促进团粒结构形成，改善土壤理化性状。

2.3 土壤调理产品

有机硅功能肥等土壤调理产品可促使土壤形成团粒结构，改善毛细管结构和通透性，促进有益生物繁殖。含盐地下水攀升受阻，同时灌溉水容易下渗，将地表盐分淋洗。土壤调理产品含有多种养分，能提升土壤肥力，促进作物吸收；营造根系良好的生长环境，作物生长健壮，抗逆性增强，提高产量和品质。

2.4 测土配方施肥技术

根据耕地地力水平和目标产量确定水稻底肥配方和用量，杜绝过量施肥，减轻面源污染，提高种植效益。

3 适用范围

河北省唐山市滨海盐碱地水稻种植区，土壤含盐量在 0.2% 以下，属轻度盐碱地，具备淡水灌溉条件的地块。

排灌要求：需具备较为完善的稻田沟渠。稻田沟渠具有灌溉和排水的双重功能。沟渠分为主渠和支渠。主渠深度约 1 米，宽度约 1.5 米；支渠深度约 0.5 米，宽度约 0.5 米。主渠较支渠深，以便于排水。主渠将灌溉用水输送至大田后，由支渠向各个小田块送水。

4 操作要点

4.1 施用土壤调理剂

春季 4 月底水稻整地前施用底肥。采用测土配方施肥技术，根据耕地地力水平和目标产量确定，底肥选用缓释肥 30 千克/亩左右，同时施用硅谷功能肥 50 千克/亩。

4.2 整地作业

施用底肥和调理剂后及时进行翻耕，采用 120 马力以上旋耕机或水田打浆机，将根茬粉碎并翻到土中。翻耕深度一般在 15～20 厘米，要求深浅一致。

整地作业

4.3 淡水压盐

灌溉时，先将主渠灌满，后将支渠入口封堵的泥土扒开，以灌溉小田块。小田块蓄足泡田洗盐用水后，将支渠入口用泥土封堵。稻田灌满淡水，保持在 15～20 厘米，泡田 3 天，每天换水，使土壤盐分最大限度降低，以达到排盐的目的。后耙地拉平。

4.4 种植管理

水稻其他田间管理与常规耕种方式相同。

田间管理

4.5 收获

机械化收获

5 已推广面积、具体区域、取得成效

该技术于 2020 年在唐山市滦南县开展试验示范。2020 年、2021 年累计推广 4 万亩，通过该项技术实施，土壤有机质平均增加 0.39 克/千克，土壤含盐量下降 0.02%，水稻产量提高 16.1%。

6 典型案例材料

河北省滦南县位于滨海盐碱耕地水稻种植区，土壤轻度盐碱成为作物产量的限制因素。该技术模式的实施，改善了土壤理化性状，降低了土壤盐分，改善水稻生长环境，从而提高水稻产量。

7 效益分析

7.1 经济效益

成本分析

序号	项目	费用（元）
1	施用土壤调理产品	168/亩
2	深翻	60/亩
3	淡水压盐（稻田灌淡水）	40/亩
4	施用微藻营养液	80/亩
5	机械化收获	60/亩
6	配方肥用量	—32 元/亩（较常规施肥减量20%）

该项技术模式操作成本比农民习惯操作增加施用土壤调理产品和微藻营养液，但采用测土配方施肥技术减少了化肥施用，合计增加成本 216 元/亩。采用该项技术模式后，水稻增产 90.88 千克/亩，增产率 16.1%，水稻收购价按照 3 元/千克计算，增加经济效益 56.64 元/亩。

7.2 生态效益

治理效果对比

项目	农民常规操作	治理技术
土壤有机质（克/千克）	19.18	19.57
土壤含盐量（%）	0.16	0.14
土壤容重（克/厘米³）	1.534	1.534
水稻产量（千克/亩）	565	655.88

应用该技术模式后，土壤有机质平均增加 0.39 克/千克，土壤含盐量下降 0.02%。该技术模式可有效降低土壤含盐量，改善土壤理化性状，降低面源污染，提高作物产量，达到提高耕地质量、节肥增效的目的。

（张培　刘淑桥　张翠英　王丽娟　崔淑巧　李树全）

内蒙古西辽河灌区玉米连作免耕秸秆留高茬还田防治土壤风蚀沙化技术模式

近些年来由于气候变暖、降水减少、开荒、过度放牧等原因，使得部分土壤植被覆盖度降低，结构遭到破坏、变得松散，经风吹蚀，耕地沙化面积增加。为了改变这一情况，农田实行免耕、少耕等保护性耕作技术，尽可能减少土壤耕作，并用作物秸秆、残茬覆盖地表，减少土壤风蚀、水蚀，提高土壤肥力和抗旱能力。

1 技术原理

连续三年实施玉米免耕播种和秸秆覆盖留高茬还田技术，第四年进行秸秆深翻还田（通过深翻还田提高秸秆降解速度）。秸秆覆盖还田具有抑制土壤水分蒸发、储存降水、提高地温、降低土壤容重、疏松土质、提高通气性、减小犁耕比阻、改善土壤结构、遏制土壤风蚀沙化，提高土壤有机质含量和培肥土壤的作用；配套浅埋滴灌水肥一体化播种技术，实现高效节水和无膜栽培，防止地下水超采导致的生态环境恶化和残膜污染。

2 适用范围

适用于西辽河灌区和与该地区生态条件类似的风沙土相对集中连片的风蚀沙化耕地，要求灌溉水能由地下水提供，配套实施浅埋滴灌水肥一体化。

3 操作要点

三年连作种植玉米，连续实施秸秆留高茬还田免耕播种，第四年继续种植玉米进行秸秆深翻还田，配套实施浅埋滴灌水肥一体化，实现水肥双节和无膜栽培。

3.1 第一年种植玉米，秋季留高茬

3.1.1 春季整地

在上年度秸秆深翻还田的基础上，使用旋耕机旋耕一次，然后进行镇压，准备播种。

3.1.2 浅埋滴灌水肥一体化播种

用 25 马力左右的拖拉机动力，采用玉米浅埋滴灌水肥一体化多功能精量播种机播种，播种的同时将滴灌带埋入窄行中间 2～4 厘米沟内，同时完成施种肥、播种、覆土、镇压

等作业，播深5～6厘米，深浅一致，覆土均匀。铺滴灌带、喷施除草剂、播种、施肥、覆土、镇压作业一次完成。其作业顺序是铺滴灌带—喷施除草剂—播种—施肥—覆土—镇压，作业速度30～40亩/天。配套滴灌，播种时可不考虑土壤墒情。

3.1.3　选用良种

要选用增产潜力大、根系发达、抗逆性强、适于密植的耐密型和半耐密型品种，可选生育期在135天左右的品种。

3.1.4　播种时期

当耕层10厘米地温稳定通过10℃一周以上时即可开犁播种，一般在4月20—25日，大面积播种在5月1日左右。

3.1.5　种植密度

根据玉米品种特性和水肥条件确定，高水肥地块种植宜密，低水肥地块种植宜稀，植株繁茂的品种每亩保苗4 000～4 500株，株型收敛的品种每亩保苗5 000～5 500株。土壤肥力好的每亩播种5 000～5 500株，肥力较差的每亩播种4 000～5 000株。大小垄种植。

3.1.6　化学除草

选用广谱性、低毒、残效期短、效果好的除草剂，进行全封闭除草。

3.1.7　灌溉施肥

井的出水量要求大于20吨/小时，水泵功率大于10千瓦。整个生育期一般滴灌6～7次，灌溉定额为140～180米³。保水保肥差的地块，整个生育期滴灌8次左右，灌溉定额为180～200米³；播种结束后视天气和土壤墒情及时滴出苗水，保证种子发芽出苗，如遇极端低温，应躲过低温滴水。生育期内，灌水次数视降雨量情况而定。一般6月中旬滴第一次水，水量25～30米³，以后田间持水量低于70%时及时灌水，每15天左右滴一次水，每次滴灌25米³左右，9月中旬停水。

根据土壤肥力和目标产量确定合理施肥量，养分投入总量为：N 15～17千克/亩、P_2O_5 5～7千克/亩、K_2O 3～5千克/亩。氮肥30%作基肥施入，剩余70%在拔节期、大喇叭口期、抽雄期和灌浆期随水精确滴施；磷、钾肥全部作基肥施入。

3.1.8　收获留高茬

选用大型收获机械收获玉米，并留高茬，留茬高度20～25厘米。

机械收获

3.2 第二年免耕播种玉米，秋季留高茬

在上年度玉米留高茬的基础上，免耕播种玉米，秋季收获时留高茬。

免耕播种

3.2.1 免耕播种机械

采用破茬免耕播种机，破茬、开沟、铺滴灌带、喷施除草剂、播种、施肥、覆土、镇压一次作业完成。如果上年度秸秆粉碎覆盖地表，选用圆盘开沟播种机或带状旋耕播种机播种。

3.2.2 免耕播种对种子的要求

对种子进行精选处理。要求种子的净度不低于98%，纯度不低于97%，发芽率达95%以上。播前应适时对所用种子进行药剂拌种或浸种处理，以防止虫害等。

3.2.3 播种时期

当耕层10厘米地温稳定通过10℃一周以上时即可开犁播种，一般在4月20—25日，大面积播种在5月1日左右。

3.2.4 种植密度

根据玉米品种特性和水肥条件确定，高水肥地块种植宜密，低水肥地块种植宜稀，植株繁茂的品种每亩保苗4 000～4 500株，株型收敛的品种每亩保苗5 000～5 500株。土壤肥力好的每亩播种5 000～5 500株，肥力较差的每亩播种4 000～5 000株，大小垄种植。

3.2.5 化学除草

选用广谱性、低毒、残效期短、效果好的除草剂，进行全封闭除草。

3.2.6 灌溉施肥

井的出水量大于20吨/小时，水泵功率大于10千瓦。整个生育期一般滴灌6～7次，灌溉定额为140～180米³。保水保肥差的地块，整个生育期滴灌8次左右，灌溉定额为180～200米³；播种结束后视天气和土壤墒情及时滴出苗水，保证种子发芽出苗，如遇极端低温，应躲过低温滴水。生育期内，灌水次数视降雨量情况而定。一般6月中旬滴第一遍水，水量25～30米³，以后田间持水量低于70%时及时灌水，每15天左右滴一次水，每次滴灌25米³左右，9月中旬停水。

根据土壤肥力和目标产量确定合理施肥量，养分投入总量为：N 15～17千克/亩、

P_2O_5 5～7 千克/亩、K_2O 3～5 千克/亩。氮肥 30% 作基肥施入，剩余 70% 在拔节期、大喇叭口期、抽雄期和灌浆期随水精确滴施；磷、钾肥全部作基肥施入。

3.2.7 收获留高茬

选用大型收获机械收获玉米，并留高茬，留茬高度 20～25 厘米。

3.3 第三年免耕播种玉米，秋季留高茬

播种、滴灌、施肥、病虫害防治、收获等措施同上。

3.4 第四年免耕播种玉米，秋季秸秆粉碎翻压还田

播种、滴灌、施肥、病虫害防治等措施同上。

采用联合收获机边收获边粉碎秸秆，选用专用秸秆还田机进行秸秆二次粉碎作业，秸秆粉碎长度 5 厘米以下，均匀抛撒于地表。

秸秆二次粉碎后深翻前，用机械将 2～3 千克/亩的腐熟剂和 5～8 千克/亩的尿素均匀撒施在作物秸秆上，将玉米秸秆的 C/N 比调节至 20～25：1，促进秸秆腐烂分解。

采用≥150 马力的 1504 轮式拖拉机配套液压栅条型翻转犁进行深翻作业，深翻犁要符合国家行业标准规定。作业深度 30 厘米以上，并将秸秆全部翻埋于 20～30 厘米土壤中，合格率超过 80%，不得有漏耕现象。

秸秆粉碎还田

4 效益分析

4.1 经济效益

与常规栽培模式相比，实施该技术模式，稳产情况下，每年可减少灭茬、旋耕、镇压等农机进地次数，节约 45 元/亩，同时免耕播种秸秆还田比常规播种增加投入 15 元/亩，但可减少清理秸秆费用 40 元/亩，全年农机具应用可节约成本约 70 元/亩。

该模式可减少化肥使用量 15% 左右，每亩节约 25 元左右。可增产 5%～10%（按亩

增产 70 千克、玉米 1.4 元/千克计算），每亩可增加收入 98 元。第四年秋季秸秆粉碎翻压还田，每亩增加机械投入 78 元。此技术模式每亩三年可实现节本增收 501 元左右。

4.2 社会、生态效益

通过实施秸秆留高茬免耕还田措施，可有效降低地表风力，减少风蚀，防止耕地风蚀沙化；降雨时防止水对土壤的侵蚀，保土保水；同时秸秆还田有效遏制了因秸秆焚烧、无序堆放等造成的环境污染，净化了农村环境，改善土壤生物性状，而且可培肥土壤，提升地力，减少化肥用量，增加农民收入，促进藏粮于地战略的实现。实施浅埋滴灌技术，实现无膜节水栽培，减少地膜污染，减轻因大水漫灌超采地下水导致的农业生态环境问题。

（乔志刚　王跃飞　左明湖　路战远　罗军　郜翻身　武岩　张淑媛　辛欣　程玉臣　张德健　王雅君　贾艳红　张向前　于洪伟　刘波　薛鹏）

内蒙古西辽河灌区黑土地玉米连作养育培肥水肥双控技术模式

1 技术原理

针对西辽河灌区草甸土区域，因玉米连作、小型农机耕作、大水漫灌、有机物料投入不足、风蚀沙化等，导致土层变薄、耕层变浅、养分失衡、地下水超采等问题，通过玉米秸秆深翻还田、秸秆留高茬覆盖还田免耕、增施有机肥等技术，提高土壤有机质含量和耕层厚度，构建肥沃耕层，提高土壤保水、保肥能力；配套浅埋滴灌技术，实现水肥双控和无膜栽培，提高水、肥资源利用效率。

2 适用范围

适用于西辽河灌区和与该区域生态条件类似的草甸土集中分布区域，要求灌溉水能由地下水提供，配套实施浅埋滴灌水肥一体化。

3 操作要点

秸秆深翻还田、免耕留高茬覆盖还田、增施有机肥、浅埋滴灌水肥一体化技术相结合。在上年度秋季实施玉米秸秆深翻还田的基础上，第一年种植玉米，实施浅埋滴灌水肥一体化技术，秋季留高茬；第二年免耕播种玉米，秋季实施秸秆深翻还田和增施有机肥；第三年种植玉米，实施浅埋滴灌水肥一体化节水，秋季秸秆粉碎深翻还田。

3.1 第一年浅埋滴灌种植玉米，秋季实施秸秆留高茬覆盖还田

3.1.1 秸秆粉碎

上年度秋季，采用大型联合收获机械边收获边粉碎秸秆，粉碎程度不好的地块用秸秆还田机械进行二次粉碎，要求秸秆长度小于5厘米，并均匀覆盖地表。

3.1.2 翻压还田

秸秆粉碎后翻压前，将腐熟剂按秸秆量的0.2%用量混合细沙土后均匀地撒在作物秸秆上，同时按秸秆量的0.3%施用N素将C/N比调节至20~25∶1，促进秸秆腐烂分解。采用≥150马力的1504轮式拖拉机配套液压翻转犁进行深翻作业，深翻犁要符合国家行

机械收获

业标准规定，要求为栅条犁。作业深度必须超过 30 厘米，并将秸秆全部翻埋于 20～30 厘米土壤中，利用灌溉水使土壤含水量保持在 40％，达到快速腐熟的效果。合格率超过 80％，不得有漏耕现象。

秸秆粉碎翻压还田

3.1.3 重耙作业

深翻后，及时用圆盘耙对深翻地块进行重耙作业，对于秋季时间紧或土壤墒情过高无法进行秋季耙地作业的地块，可采用在深翻作业时加合墒器作业。

3.1.4 春季整地

秋季未进行重耙作业的地块，春耕前用圆盘耙进行重耙或使用旋耕机旋耕一次，然后进行重镇压；秋季进行过重耙作业的地块直接进行重镇压。

3.1.5 浅埋滴灌水肥一体化播种

用 25 马力左右的拖拉机动力，采用玉米浅埋滴灌水肥一体化多功能精量播种机播种，将滴灌带埋入窄行中间 2～4 厘米沟内，同时完成施种肥、喷施除草剂、播种、掩土、镇压作业一次完成。质地黏重的土壤播深 3～4 厘米，沙质土播深 5～6 厘米，深浅一致，覆土均匀，其作业顺序是铺滴灌带—喷施除草剂—播种—掩土，作业速度 30～40 亩/天。配套滴灌，播种时可不考虑土壤墒情。

浅埋滴灌水肥一体化

3.1.5.1 选用良种

要选用增产潜力大、根系发达、抗逆性强、适于密植的耐密型和半耐密型品种，选择生育期在 135 天左右的品种。

3.1.5.2 播种时期

当耕层 10 厘米地温稳定通过 10℃一周以上时即可播种，一般在 4 月 20—25 日，大面积播种在 5 月 1 日左右。

3.1.5.3 种植密度

根据玉米品种特性和水肥条件确定，高水肥地块种植宜密，低水肥地块种植宜稀，植株繁茂的品种每亩保苗 4 000～4 500 株，株型收敛的品种每亩保苗 5 000～5 500 株。土壤肥力好的每亩播种 5 000～5 500 株，肥力较差的每亩播种 4 000～5 000 株。大小垄种植，行距大垄 70～80 厘米，小垄 30～40 厘米。

3.1.5.4 化学除草

选用广谱性、低毒、残效期短、效果好的除草剂。

3.1.6 合理灌溉施肥

根据土壤肥力和目标产量确定合理施肥量，养分投入总量为：N 15～17 千克/亩、P_2O_5 5～7 千克/亩、K_2O 3～5 千克/亩。氮肥 30%作基肥施入，剩余 70%在拔节期、大喇叭口期、抽雄期和灌浆期随水精确滴施；磷、钾肥全部作基肥施入。整个生育期一般滴灌 6～7 次，灌溉定额为 140～180 米³。保水保肥差的地块，整个生育期滴灌 8 次左右，灌溉定额为 180～200 米³；播种结束后视天气和土壤墒情及时滴出苗水，保证种子发芽出苗，如遇极端低温，应躲过低温滴水。生育期内，灌水次数视降雨量情况而定。一般 6 月中旬滴第一遍水，水量 25～30 米³，以后田间持水量低于 70%时及时灌水，每 15 天左右滴一次水，每次滴灌 25 米³左右，9 月中旬停水。

3.1.7 收获留高茬

秋季采用大型联合收获机械收获玉米，留高茬，留茬高度 20～25 厘米，其余秸秆均匀抛撒到地表。

3.2 第二年免耕播种种植玉米，秋季实施秸秆粉碎还田和增施有机肥

3.2.1 免耕播种

在上年度玉米秸秆留高茬的基础上，采用破茬免耕播种机，破茬、开沟、喷施除草剂、播种、施肥、覆土、镇压一次作业完成。如果上年度秸秆粉碎覆盖地表，选用圆盘开沟播种机或带状旋耕播种机播种。结合播种基施化肥（品种、数量等），根据土壤肥力和目标产量确定合理施肥量，养分投入总量为：N 15～17 千克/亩、P_2O_5 5～7 千克/亩、K_2O 3～5 千克/亩。氮肥30%作基肥施入；磷、钾肥全部作基肥施入。

3.2.2 灌溉施肥

井的出水量大于 20 吨/小时，水泵功率大于 10 千瓦。整个生育期一般滴灌 6～7 次，灌溉定额为 140～180 米³。保水保肥差的地块，整个生育期滴灌 8 次左右，灌溉定额为 180～200 米³；播种结束后视天气和土壤墒情及时滴出苗水，保证种子发芽出苗，如遇极端低温，应躲过低温滴水。生育期内，灌水次数视降雨量情况而定。一般 6 月中旬滴第一次水，水量 25～30 米³，以后田间持水量低于70%时及时灌水，每 15 天左右滴一次水，每次滴灌 25 米³左右，9 月中旬停水。氮肥30%作基肥施入，剩余70%追肥结合灌溉在拔节期、大喇叭口期、抽雄期和灌浆期随水精确滴施，追施比例为 2∶5∶2∶1。

3.2.3 秸秆粉碎还田和增施有机肥

采用联合收获机边收获边粉碎秸秆，选用专用秸秆还田机进行秸秆二次粉碎作业，秸秆粉碎长度 5 厘米以下，均匀抛撒于地表。秸秆二次粉碎后深翻前，用机械将 2～3 千克/亩的腐熟剂和 5～8 千克/亩的尿素均匀撒施在作物秸秆上，将玉米秸秆的 C/N 比调节至 20～25∶1，促进秸秆腐烂分解，采用≥150 马力的 1504 轮式拖拉机配套液压栅条型翻转犁进行深翻作业，深翻犁要符合国家行业标准规定。作业深度 30 厘米以上，并将秸秆全部翻埋于 20～30 厘米土壤，合格率超过80%，不得有漏耕现象。

每亩增施有机肥 1 吨左右，减少化肥施用量 3～5 千克/亩。

增施有机肥

3.3　第三年浅埋滴管种植玉米，秋季实施秸秆深翻还田

同 3.1。

4　效益分析

4.1　经济效益

应用该技术模式，第一年种植玉米，实施浅埋滴灌水肥一体化技术，秋季留高茬投入成本效益未增加；第二年免耕播种玉米，秋季实施秸秆深翻还田和增施有机肥，较常规增加 228 元/亩，免耕播种秸秆还田可节约农机具投入 70 元/亩；第三年种植玉米，实施浅埋滴灌水肥一体化，秋季秸秆粉碎深翻还田，每亩增加投入 78 元。三年共增加投入 236 元。

同时，每年可减少 15% 的化肥投入，每亩节约成本 25 元；一般可增产 10%～30%，（按照每亩增产 150 千克，玉米 1.4 元/千克计算），增加效益 210 元。三年共增加收入 470 元。

三年连作期间种植玉米实施秸秆免耕播种、深翻还田、增施有机肥和水肥一体化技术，每亩实现节本增收 234 元。

4.2　社会、生态效益

一是可以改善土壤的理化性状，增加耕层厚度，提高土壤有机质含量。二是免耕留高茬地块失墒小，实现节肥节水改善土壤墒情。三是减少了秸秆焚烧、无序堆放等现象，对环境保护具有明显作用。四是减少风蚀水蚀。由于根固土、秸秆挡土，有效地抑制沙尘暴。五是在降雨量相同的情况下，较传统耕作可减少径流 60% 以上。

（乔志刚　左明湖　王跃飞　罗军　路战远　张淑媛　张宏宇　刘桂华　刘宏金
程玉臣　贾艳红　张德健　于洪伟　张向前　刘波　代东明）

黄淮海地区盐渍化农田地力提升技术模式

1　解决的主要问题

　　黄淮海地区是我国农作物重要产区之一，该区域受土壤盐渍化和次生盐渍化影响的土壤约 5 000 万亩。20 世纪 80 年代初，该区域盐碱地得到初步治理，粮食产量大幅度提升，但迄今仍有 2/3 的耕地为中低产田，肥力偏低、次生盐渍化风险大、作物产量低而不稳。制约该区域作物产量进一步提升的关键性障碍因素是春季返盐、土壤肥力低和耕层变浅。

2　技术原理

　　针对黄淮海区域盐碱地土壤农业生产关键性障碍因子，以土壤培肥与耕作措施相结合为总体技术思路，采取"破除障碍层、改善土壤耕层物理结构、打破犁底层"的综合措施，构建良性耕层，培肥深层土壤，系统解决"春季返盐、肥力低、耕层浅"障碍问题，减少盐分在土壤表层积聚，提升土壤保水、持水能力，旱能保水，涝能透气，为作物根系生长提供良好的条件。

3　适用范围

　　黄淮海地区冬小麦—夏玉米生产系统，黄淮海平原盐碱障碍耕地。

4　操作要点

　　在冬小麦—夏玉米周年轮作制度下，以 3～5 年为一个轮耕周期。

4.1　第 1 年冬小麦技术模式

4.1.1　播种前秋季作业

　　玉米收获，秸秆粉碎还田；施用腐熟有机肥 1～3 吨/亩；用高效氮、磷、钾肥料或作物专用配方肥料，较常规化肥用量氮肥可减少 30%，磷肥减少 50%，钾肥减少 70%。将冬小麦氮肥用量的 50%（N，4～6 千克/亩）、全年磷肥（P_2O_5，5～7 千克/亩）、钾肥（K_2O，3～5 千克/亩）和微肥（硫酸锌 1 千克/亩、硫酸锰 0.5 千克/亩、硼砂 0.5 千克/亩）

均匀撒施于农田后，以五铧犁深翻 25～35 厘米，耙耱土壤，平整土地。

秸秆还田、机械深翻作业

4.1.2　冬小麦高产栽培技术

（1）播种与冬前管理

①足墒播种，以保证苗齐、苗全、苗壮和安全越冬。

②选用适宜品种，适期（10 月 5—10 日）、适量（每亩 10 千克）播种，播后镇压，确保小麦越冬安全。

③出苗后及时查苗补苗；适时划锄保墒；冬前土壤墒情充足条件下，不提倡浇冬水；冬前降水量少，墒情不足时可于 11 月下旬至 12 月上旬土壤日消夜冻时期浇冬水，起到保墒防旱的作用，灌水量每亩 50 米^3 左右。

小麦播后镇压

（2）生长期管理

①返青期。3月上中旬，小麦返青期注意镇压提墒、划锄保墒，提高地温、促进根系发育。不提倡浇返青水。

②起身—拔节期。3月中下旬至4月初肥水管理的关键时期，施肥与灌水结合进行，将小麦全生育期氮肥用量的40％深施或撒施，随即灌溉，灌水量每亩50米³左右。

③抽穗—扬花期。追施小麦全生育期氮肥用量的10％，氮肥深施或撒施后立即浇水，提高肥料利用率。

④开花—灌浆期。5月初，小麦抽穗开花后，采用一喷三防，将杀虫剂、杀菌剂、叶面肥混合喷施，以治虫、防病、促灌浆、防干热风、提高粒重。

（3）小麦收获　适时收获，麦秸粉碎还田。

4.2　第1年夏玉米技术模式

4.2.1　品种选择与播种要求

（1）选用适宜当地的良种，播前精选摊晒2～3天，提高发芽势和发芽率（＞90％）；种子包衣以防治病虫害。

（2）冬小麦收获后，秸秆还田，免耕直播夏玉米，采用种肥同播，氮肥（N）5千克/亩，种肥分开，避免烧苗。

（3）适量（2.5～3千克/亩）、足墒播种，行距60～70厘米，播深4～6厘米，播后及时镇压，确保苗全、苗齐、苗壮。

4.2.2　灌溉

（1）播前每亩灌水20～30米³，盐碱地须灌深、灌透，适当增加灌水量，洗盐压碱。

（2）玉米全生长期根据降雨情况进行适时适宜灌溉。玉米拔节孕穗期，土壤田间持水量应保持在70％～80％；抽雄扬花期，是玉米需水"临界期"，土壤田间持水量应达到80％；乳熟期，土壤田间持水量在60％左右，利于籽粒脱水和加速成熟。

4.2.3　田间管理

（1）出苗—拔节　及早查苗补种，保证全苗。适当蹲苗，促进玉米根系下扎，根深叶茂防倒伏为丰产打好基础。适时中耕松土，控制地上茎叶生长，促进根系深扎。

（2）拔节—抽雄　除杂草，及时追肥灌水，每亩灌水量40米³、施尿素20千克，弱苗多施旺苗少施。

（3）抽雄吐丝—灌浆成熟　结合中耕或喷施生长调节剂壮秆防倒，适时灌水与施肥，每亩灌水量40米³、追施尿素5千克。

4.2.4　病虫草害综合防治

（1）选择适宜农药，采用物理、生物防治与化学防治相结合，全程综合防控病虫害。

（2）播种后出苗前喷施除草剂，防止杂草生长；苗期结合中耕除草，中后期如果杂草较多，利用机械除草或喷施除草剂。

4.2.5　收获

适时收获。机械收割可结合粉碎秸秆还田、培肥土壤。

4.3 第2~4年冬小麦技术模式

4.3.1 播前秋季作业

玉米收获后，秸秆还田；施用腐熟有机肥1~2吨/亩；选用高效氮、磷、钾肥料或作物专用配方肥料，将冬小麦氮肥用量的50%（N，6~8千克/亩），全年磷肥（P_2O_5，10~14千克/亩）、钾肥（K_2O，8~12千克/亩）、微肥（硫酸锌1千克/亩、硼砂0.5千克/亩）撒施田面后，旋耕15厘米，耙耱土壤，平整土地。

4.3.2 播种、栽培管理技术

同4.1.1和4.1.2。

4.4 第2~4年夏玉米技术模式

同4.2。

5 已推广面积、具体区域、取得成效

该项技术源于中国农业科学院农业资源与农业区划研究所，基于中国农业科学院德州盐碱土改良实验站在黄淮海地区中低产盐碱耕地冬小麦—夏玉米两熟制农田上实施的系列内陆盐碱地地力提升技术模式和试验、示范研究成果的集成。

自2008年开始，在山东省德州市"2区9县（市）"推广应用；2008—2015年七年间累计应用面积341万亩；2016—2022年，在德州市累计推广应用达425万亩；2021年德州市在全国率先提出"吨半粮"生产能力建设，并且在德州市农民粮王大赛中，运用该技术培育了一批绿色高产粮王，产生了极大的社会反响，引起了社会的广泛关注。

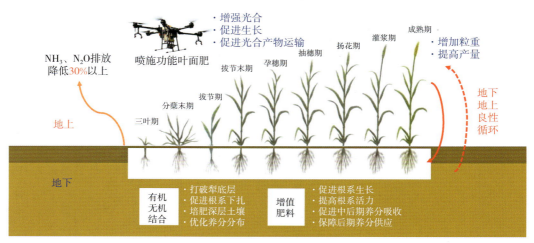

黄淮海地区小麦—玉米轮作体系绿色高产技术示意图

6 典型案例材料

山东省德州市位于黄淮海中东部，土壤类型为潮土，具有广泛代表性，冬小麦—夏玉

米一年两熟是该区域粮食作物栽培的基本形式，现有盐碱障碍耕地 83.3 万亩、中低产田面积达 320 万亩，土壤肥力低、结构差、耕层浅，十分不利于作物的稳产和高产。德州市从 2008 年开始应用该技术模式，即采用秸秆还田＋有机肥深翻 0～25 厘米、有机-无机配合施肥进行培肥沃土、增加耕层厚度；2021 年，结合德州市"吨半粮"生产能力建设进行大面积推广应用，实现耕层土壤全盐含量均低于 0.31 克/千克，土壤有机质含量增加到 14.6 克/千克，耕层厚度增加至 23～27 厘米，0～10 厘米土壤容重降至 1.24 克/厘米^3，小麦和玉米产量增加幅度均超过 10%。

7 效益分析

7.1 经济效益

每年每亩化肥施用量减少 66.4 千克，有机肥施用增加 1 000 千克，成本减少 148 元；小麦增产 100 千克，玉米增产 150 千克，效益增加 825 元。

经济效益分析

作物类型	产量（千克/亩）		增产（千克/亩）	平均单价（元/千克）	增收（元/亩）
	传统种植	优化栽培			
小麦	550	650	100	3	300
玉米	650	800	150	3.5	525
合计	1 200	1 450	250	—	825

7.2 社会效益

秸秆还田＋有机肥深翻、有机-无机配施＋绿色肥料施用等技术的应用，在保障土壤地力、改善耕层结构的同时，实现秸秆和畜禽粪污等有机资源的利用，减少了化肥用量，提高了肥料利用效率，实现节本增效、农民增收和黄淮海地区土壤盐碱改良和作物增产，提高各级政府、基层农技人员、农民、种粮大户和新型农业经营主体耕地保护意识和种植积极性，促进黄淮海地区盐碱地的可持续利用。

7.3 生态效益

生产实践证明，在 5 年轮耕周期内，采用该技术模式可有效打破犁底层，增加了耕层厚度（25～35 厘米）；培肥耕层土壤，提高土壤有机质和养分含量；改善土壤结构，降低土壤容重，增加孔隙度；减少化肥用量，化肥氮、磷、钾用量分别减少 30%、50% 和 70%；氨挥发和氧化亚氮排放量降低 29%。因此，该技术模式具有高产—优质—培肥—环保相协调的特征，可降低土壤次生盐渍化风险，实现化肥减施增效、土壤可持续利用和农业绿色高产。

（赵秉强　袁亮　温延臣　李燕婷）

典型盐碱区高效阻盐与快速培肥扩容增效技术模式

1　解决的主要问题

　　针对滨海中度盐碱地土壤地下水浅埋、盐分"表聚化"严重、土壤结构差、有机质和氮磷含量低等问题，构建"生物质隔层高效阻盐＋养分扩容增效＋生物定向调控"的盐碱地高效阻盐与扩容增效技术体系。

2　技术原理

　　主要技术路径可以总结为"阻、增、调"三个字。

　　（1）"阻"　通过秸秆深埋的专用耕作机具，将作物秸秆直接翻入35～40厘米土层深处形成生物质隔层，改变土壤毛管水盐运动，在作物根域形成"高水低盐"微生境。

　　（2）"增"　耕作层利用生物炭基有机肥替代化肥关键技术，明确了中度盐碱地土壤适宜的生物炭基有机肥用量以及替代化肥的比例，实现化肥减量增效、耕层库容扩增、土壤快速增碳培肥等目的。

　　（3）"调"　创建利用根际促生菌改善盐碱地微环境的新技术，达到固氮、解磷、促生的目的。

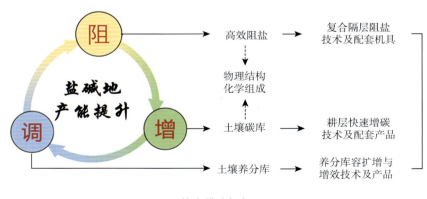

技术模式框架

3 适用范围

该技术模式适用于滨海地下水浅埋、盐分"表聚化"严重、土壤结构差、有机质和氮磷含量低的中度盐碱化土壤。

4 操作要点

4.1 选地整地

选择产地环境、盐碱程度符合要求，具有一定灌排条件，集中连片、便于机械作业的平整地块。选好地后，采用旋耕机、耙耱机或激光平地仪等机械，进行土地平整。要求农田大小适中，不能有起伏低洼存在，同一地块高度差控制在5厘米以内。

4.2 生物质隔层高效阻盐，构建肥沃亚耕层

前茬作物收获后，通过专用翻埋机具在地表以下35～40厘米处铺设秸秆层，中度盐碱地每亩秸秆量600～800千克（秸秆层厚度约5厘米），秸秆长度5～10厘米比较合适，每隔两年埋设一次。

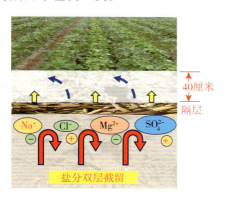

生物质隔层埋设

4.3 灌溉洗盐

在平整土地、翻埋生物质隔层的基础上，根据实际需要和黄河来水情况选择淋盐方式，灌溉量为每次100～120米^3/亩。另外，整地时也要进行围埝，可使灌溉水均匀，提高洗盐效果。

4.4 播前管理

4.4.1 播前整地、施入炭基有机肥和化肥

播前整地，清除田间秸秆、根茬等。针对土壤墒情确定整地方法，土壤墒情若好，可先整地后播种，即播前先浅翻，将0～20厘米土层旋转60°～120°。仅在播前一次性施用，使平铺在田块上的炭基有机肥翻转进入0～20厘米土层，每隔2～3年增施一次，中度盐

碱地适宜用量为 100～200 千克/亩。随后，采用旋耕机平整土地，耕后地表平整度、土壤膨松度、土壤扰动系数等指标达到《深松整地联合作业机》（JB/T 10295—2014）中的规定。然后及时覆膜（根据种植习惯而定），施肥播种一次完成，化肥施用量在常规施肥基础上可酌情减少化肥投入 10%～20%。

生物炭基有机肥应用场景

4.4.2　选种、播种与施用根际促生菌

选用通过品种审定委员会审（认）定的品种。选种符合当地的生产条件、高产优质、耐盐性与抗病性强、商品性好的品种。

种子精选后，播前晒种 2～3 天，杀菌促发；播前也可用抗盐植物制剂产品浸种 2 天，增强种子抗盐性。玉米种植密度为 4 500～5 000 株/亩，播种规格以 60 厘米等行距种植为主。

利用根际促生菌改善盐碱地微环境：PGPR（植物根际促生菌）制剂在中度盐碱地施用量为 30 千克/亩，每年施用，可与基肥一起施用，产品应符合《生物有机肥》（NY 884—2012）的要求，成本每亩地约为 90 元。

有机肥结合微生物菌剂对比

4.5　田间管理

4.5.1　苗期管理

及时查田、缺苗、断苗的地块及时催芽补种，补苗时须用原种。出苗后 10～15 天要及时除掉小苗、弱苗、病苗、畸形苗。

4.5.2　中期管理

盐碱地应及时中耕除草。灌溉后或降雨后尽早中耕，可避免造成土壤板结，盐分积于地表，耕深 3～4 厘米，并结合培土，可防止倒伏。

4.5.3　收获及后期管理

及时收获，妥善处理田间秸秆。有条件的地区收获后可进行秋翻，及时清理农田杂物、去除病株。随后可根据来水情况进行冬灌压盐，灌溉量为每次 100～120 米³/亩。

5　已推广面积、具体区域、取得成效

在山东东营黄河三角洲盐碱区累计推广 500 万亩。该模式涉及的 2 项核心发明专利"盐碱地控抑盐方法及盐碱地控抑盐系统""用于土壤翻耕和秸秆深埋还田的犁具"使用权转让给公司，获转让费 180 万元。依托上述成果，获神农中华农业科技奖二等奖、中国农业科学院科学技术一等奖。

6　典型案例材料

山东东营黄河三角洲盐碱区中重度盐碱地种植玉米地块进行的生物质隔层高效阻盐与快速培肥扩容增效技术模式试验表明：该技术模式改良后盐碱化耕地土壤有机质含量提高 10% 以上，土壤 pH 平均降低 0.3～0.4 个单位，水溶性盐总量平均降低 10%～20%。该技术模式与传统种植模式相比，能够显著减少化肥施用量，炭基有机肥替代部分化肥可节约化肥 10%～20%，玉米季化肥投入成本降低 40～60 元/亩。

7　效益分析

7.1　经济效益

相关技术成果在山东东营黄河三角洲示范区取得的经济效益显著。滨海中度盐碱地玉米产量提高了 15%～30%，按 2022 年度玉米市场价格（2.4 元/千克）计算其增产收益可达 180～360 元/（亩·年）。虽然秸秆层深埋、增施生物炭基有机肥、根际促生菌等改良投入，按 3 年一个周期单季玉米折算成本增加 140～180 元/亩，但与增收进行折算后，每年种植玉米净收益平均增加 180 元/亩（40～280 元/亩），滨海中度盐碱地改良周期由 5～8 年缩短到 2～3 年。

7.2　社会效益

该技术模式的推广应用可使优质耕地资源得以补充，提高有机废弃物利用率，助力实现我国盐碱地土壤化肥减量增效和农业绿色高质量发展。

7.3 生态效益

该技术模式可改土降盐和改善微环境，有效改善生态环境，可实现盐碱地的长效利用，为改善生态环境提供了引领性技术和示范模式。

（李玉义 王婧 张晓霞 张宏媛 王秀斌 李晓彬 温延臣 张怀志 冀宏杰）

东北苏打盐碱土定位分区精准改良技术模式

1　解决的主要问题

东北苏打盐碱地土壤盐分以碳酸钠和碳酸氢钠为主，土壤 pH 高、交换性钠含量高、理化性质恶劣，不同盐碱化程度土壤呈复区分布，即所谓"一步三换土"给苏打盐碱地改良和规模化利用带来严重障碍。不论土壤盐碱化轻重，全部采用同一改良措施或同一改良剂用量，必然增加成本投入。该模式基于不同盐碱程度定位分区，实现苏打盐碱地大面积精准改良和作物产量均衡提升。

2　技术原理

利用 Veris－3100 车载行走式土壤盐分田间快速测定系统，获取田间土壤盐碱化指标数据，建立土壤表观电导率与土壤碱化度关系模型，对盐碱化程度进行分级，结合全球定位系统（GPS），精准定位土壤盐碱化程度分布，依据碱化程度精确计算改良剂用量；通过定位分区，定量精准施用改良剂，集成适用性农艺管理技术，形成苏打盐碱土高效精准改良技术模式并推广应用。

3　适用范围

东北苏打盐碱地区和北方同类盐碱地区，旱田主要种植玉米、高粱、大豆、向日葵等作物；水田为旱育苗、插秧种植方式。

4　操作要点

4.1　苏打盐碱土快速诊断与定量评估

4.1.1　土壤表观电导率测定

通过 Veris－3100 车载行走式土壤盐分田间快速测定系统测定 0～30 厘米土壤层表观电导率，将表观电导率（EC）快速测定和 GPS 定位应用于土壤盐碱化程度定量评估和分布制图。

4.1.2　土壤盐碱程度诊断

构建土壤表观电导率（EC）与土壤碱化度（ESP）回归模型 $ESP = a\ln(EC_{30}) - b$，由土壤表观电导率 EC_{30} 计算土壤 ESP。

4.2　苏打盐碱土分级与定位分区

4.2.1　苏打盐碱土分级

依据土壤碱化度，将碱化度分为 $5\%\sim15\%$、$15\%\sim30\%$、$30\%\sim45\%$、大于 45% 四个盐碱程度，并依次划分为轻、中、重和极重四个等级。以土壤 pH 为参考，pH 低于

Veris-3100 土壤盐分田间快速测定系统

8.5 为轻度，pH 8.5～9.5 为中度，pH 9.5～10 为重度，pH 大于 10 为极重度。

4.2.2　苏打盐碱土盐碱程度定位分区

依据不同碱化度分级，利用 GPS 对不同级别盐碱化程度土壤进行定位，按照轻、中、重度和极重度盐碱化程度对盐碱地进行分区。

4.2.3　改良剂精准用量确定

苏打盐碱化土壤改良剂（推荐使用石膏类化学改良剂）施用量依据等量石膏需求量获得。土壤碱化度小于 15%，不需要施用改良剂；土壤碱化度 $15\%\sim30\%$，等量石膏改良剂用量为 $5\sim10$ 吨/公顷；土壤碱化度 $30\%\sim45\%$，等量石膏需求量为 $10\sim20$ 吨/公顷；土壤碱化度大于 45%，等量石膏需求量为 30 吨/公顷。根据等量石膏需求量折合所用改良剂的实际施用量。

4.3　改良剂精准施用技术

秋季作物收获后土壤封冻前或春季整地前，依据土壤不同碱化度级别和位置，按照精确计算的改良剂实际用量，用撒肥机将改良剂均匀抛施至地面，结合旋耕或浅翻旋耕一体机进行作业，将改良剂混入 0～20 厘米土层。

土壤改良剂机械抛撒

改良剂旋耕入土

4.4　有机肥精准施用技术

秋季作物收获后土壤封冻前或春季整地前，依据盐碱化程度和位置机械抛撒有机肥，有

机肥应为腐熟有机肥，以当地农家肥为主。土壤碱化度小于 15%，有机肥用量为 3～5 米³/亩；土壤碱化度 15%～30%，有机肥用量为 5～7 米³/亩；土壤碱化度 30%～45%，有机肥用量为 7～9 米³/亩；土壤碱化度大于 45%，有机肥用量为 10 米³/亩。

4.5　苏打盐碱耕地农艺措施

4.5.1　灌溉措施

（1）旱田灌溉措施　旱田实行浅埋滴灌，灌溉水电导率低于 0.3 毫西/厘米，pH 低于 7.5，灌溉定额根据种植的作物种类确定。

（2）水田灌溉方式　盐碱地水田实行单灌单排，灌溉水电导率低于 0.5 毫西/厘米，pH 低于 8.0。盐碱地水田灌溉量为 667 米³/亩。种植前进行泡田洗盐，尤其改良剂施用后，必须进行泡田、水耙搅浆、排水洗盐 2 次以上。本田期田面水电导率达到 1.8 毫西/厘米时需进行排水。

4.5.2　耕作措施

旱田实行隔年深松 30～35 厘米，结合浅翻 20～25 厘米，水田实行旱耙旱平，水耙后插秧。

4.5.3　其他农艺措施

与正常农田相同。

旱田浅翻 25 厘米

深松机作业

浅埋滴灌播种作业

水田水耙

5 已推广面积、具体区域、取得成效

在吉林省西部苏打盐碱地区推广面积 110 万亩，在黑龙江肇源、内蒙古通辽等苏打盐碱地区进行试验示范，取得较好效果。

6 典型案例材料

在吉林省大安灌区进行了苏打盐碱地水田精准改良技术示范，平均减少改良剂施用量 15%～20%，改良前轻、中、重不同程度盐碱土壤趋于均质化，地力得到同步提升，水稻产量均匀度明显提高，离差系数降低为 0.11，较对照降低了 56%。株高、穗长、每穴穗数和千粒重均显著高于对照。改良第 1 年耕层土壤 pH 下降 1 个单位，水稻增产 62%；第 2 年耕层土壤 pH 下降 1.38 个单位，水稻增产 117%，效果显著。

定位分区精准改良效果图

7 效益分析

成果已在吉林省西部苏打盐碱土区累计示范推广面积 110 万亩，增产粮食 7 538 万千克，新增产值 2.11 亿元。苏打盐碱土精准改良能够节省生产成本，缩短改良周期，实现土壤质量整体提升，社会、经济和生态效益显著。

（杨帆　王志春　安丰华　马红媛　张璐　聂朝阳）

盐碱地高效治理与综合利用 三良一体化"大安模式"

1 解决的主要问题

针对我国东北苏打盐碱地面积大、土壤理化性状恶劣、碱性强、养分贫瘠、作物难以正常生长等盐碱地改造利用亟待解决的重大科技难题，由中国科学院东北地理与农业生态研究所大安碱地生态试验站（大安站）暨吉林大安农田生态系统国家野外科学观测研究站历经 20 余年的定位研究与生产实践，系统总结提出了盐碱地"良田＋良种＋良法"三良一体化高效治理与综合利用模式，简称为"大安模式"。

2 技术原理

大安模式包括良田、良种和良法三大核心技术模块。其中，良田是基础、良种是关键、良法是手段。采用风沙土、酸性磷石膏和有机培肥等低成本的物理化学生物等综合改良技术"改土适种"快速实现盐碱地变良田；通过多种育种手段选育耐盐碱、抗病、抗倒伏的高产优质适生品种"改种适地"挖掘作物自身耐盐碱潜力降低成本提高单产；创新改土培肥、排盐降碱、密植栽培和精准施肥等抗逆栽培技术；三良一体化必须系统施策、缺一不可，可快速实现轻、中、重度盐碱地障碍因子分类消减、地力和产能同步提升。

3 适用范围

大安模式适合在吉林、黑龙江、内蒙古等苏打盐碱区域以及部分全国同类型其他区域。但品种的选择要因地制宜，应选择当地的主推品种，不提倡盲目引种和越区种植。

4 操作要点

4.1 土地平整

土地平整是盐碱地改良成功的重要前提，可于种稻前先旱整平，整地深度 15～18 厘米，田面高差应小于 3 厘米，插秧前实施水整地，达到寸水不露泥的标准。

插秧前土地旱精平（左）和改良后水整平（右）

4.2　土壤改良

对于 pH≥9.5、土壤含盐量≥0.5％的重度盐碱地施用酸性磷石膏推荐用量为 2.5～3.0 吨/亩；对于 pH 8.5～9.5、土壤含盐量 0.3％～0.5％的中度盐碱地施用酸性磷石膏推荐用量为 2.0～2.5 吨/亩；对于 pH＜8.5、土壤含盐量 0.1％～0.3％的轻度盐碱地可不施用土壤改良剂，采用常规灌排洗盐方法种植。

盐碱地酸性磷石膏改良剂机械抛撒改良作业

4.3　有机培肥

有机培肥宜根据盐碱化土壤养分状况增施有机肥，有机肥料质量应符合 NY/T 525—2021 的要求；也可施用腐熟无害化的农家肥。施用量按照《全国中低产田类型划分与改良技术规范》（NY/T 310—1996）5.5.2 的规定执行。

4.4　洗盐降碱

抛撒改良剂后及时旋耕并水整地，沉降 1～3 天后应迅速将水排干，再放水淋洗 2～3

次洗盐降碱，耕层土壤盐碱含量降至水稻可正常生长状态插秧为宜。

4.5 种植耐盐碱品种

以吉林西部为例，目前适合吉林西部种植的主要耐盐碱适中早熟品种，推荐东稻4号、东稻122、中科发5号、中科发6号及其他适宜的吉林省主导品种。

耐盐碱水稻新品种东稻122（左）、中科发5号（右）

4.6 旱育密植

旱育密植是盐碱地增产的关键技术。对于新垦重度盐碱地改良种稻初期1～3年，建议采用行株距30厘米×10厘米密植方式栽培，基本苗数8～10株/穴为宜；改良3～5年的较好地块，基本苗数可降低到5～7株/穴；改良5年以上的高产田，基本苗数可降低到3～5株/穴。

耐盐碱水稻新品种旱育无病壮苗

4.7 精准施肥

采用机插侧条（侧深）精准施肥技术将肥料呈条带状定量施用于水稻根系约侧面3厘

米、深度 5 厘米土壤中，实现水稻施肥精确定量、靶向施用，可提高肥料利用效率，减少化肥用量 10%～15%。

水稻机插同步侧条（侧深）施肥与密植作业

4.8　田间工程

田间道路工程、农田防护与生态环境保持工程、农田输配电工程应按照《高标准农田建设　通则》（GB/T 30600）的规定执行。

4.9　档案记录

做好改良种植过程关键环节记录，相关管理和技术等资料建立档案，及时归档。档案保存期应不少于 5 年，做到可追溯。

5　已推广面积、具体区域、取得成效

自 2021 年"黑土粮仓"科技会战实施以来，大安模式在吉林白城大安等地累计辐射推广 200 万亩以上，水稻产量达 400 千克/亩以上。

6　典型案例材料

2021 年，中国科学院盐碱地水田万亩核心示范区（吉林省大安市红岗子乡）测产结果表明，未实施改土的重度盐碱地（pH 10.3，EC 值 0.7 毫西/厘米）对照，水稻产量仅为 65.4 千克/亩，接近绝收，而实施以酸性磷石膏改良为核心的三良一体化大安模式，水稻当年产量达到 417.0 千克/亩，改土增粮效果显著，且改良成本 1 000 元/亩以下。轻度盐碱地水田（pH 8.2，EC 值 0.3 毫西/厘米）水稻产量为 625.6 千克/亩，达到高产田标准。

7 效益分析

按 2022 年市场价格计算，大安模式酸性磷石膏改良成本为 1 000 元/亩以下，且只需一次性施用，不用年年改土，成本低、见效快，改良后 3～5 年水稻平均产量即可从改良前的不足 100 千克/亩提高到 300～400 千克/亩，最高可达 500～600 千克/亩。

（梁正伟　刘淼　王明明　杨昊谕　黄立华　李伟强　冯钟慧　张国辉　靳洋洋　陆冠茹　徐扬　王树玉　段国康）

黑土地保护利用技术模式

黑龙江省第三积温带以北黑土地肥沃耕层构建技术模式

1 解决的主要问题

黑龙江省第三积温带以北的区域在松嫩平原中北部，区域内≥10℃活动积温在2 500℃以下，气候冷凉，土壤质地黏重，限制了土壤中水热传导；同时，由于长期不合理耕作和缺乏有机物料投入导致黑土层土壤有机质含量降低，耕作层变浅、犁底层加厚，土壤物理性质恶化，降低了土壤的水养库容，限制了作物根系生长及对土壤中水分和养分的吸收利用，进而影响作物产量的稳定与提高。因此，区域内黑土地保护利用的核心是增加耕作层厚度和土壤结构优化。

2 技术原理

该模式构建了玉米—大豆轮作体系，大豆季充分发挥大豆根瘤固氮功能及其在促进土壤团聚体形成与稳定方面的作用，玉米季秸秆通过深翻打破犁底层，增加耕层厚度和水养库容；通过有机物料投入，提高土壤有机质含量，改善土壤物理性质，促进水热传导和增加土壤中养分有效性。通过耕层扩库增容，提升土壤质量，实现冷凉区域黑土地保护利用。

3 适用范围

黑龙江省第三、四、五和六积温带，土壤质地黏重的黑土和草甸土耕地。

4 操作要点

以两年为一个轮作和耕作周期。第一年种植玉米，玉米收获后进行秸秆一次性深混还田或者秸秆配合有机肥深混还田；第二年种植大豆，大豆收获后秸秆覆盖。具体田间操作步骤如下：

4.1 第一年种植玉米

实施玉米秸秆一次性深混还田或者秸秆配合有机肥深混还田技术。

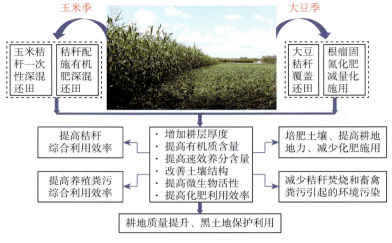

玉米季   大豆季

玉米秸秆一次性深混还田 / 秸秆配施有机肥深混还田

大豆秸秆覆盖还田 / 根瘤固氮化肥减量化施用

提高秸秆综合利用效率

提高养殖粪污综合利用效率

- 增加耕层厚度
- 提高有机质含量
- 提高速效养分含量
- 改善土壤结构
- 提高微生物活性
- 提高化肥利用效率

培肥土壤、提高耕地地力、减少化肥施用

减少秸秆焚烧和畜禽粪污引起的环境污染

耕地质量提升、黑土地保护利用

技术模式框架

4.1.1 秸秆粉碎

秋季玉米联合收割机收获后，采用秸秆粉碎机对散落的秸秆进行二次粉碎，使秸秆长度在 10 厘米以下，均匀地分布在田面上。

4.1.2 有机肥抛撒

在需要进行秸秆配合有机肥深混还田的区域，在秸秆粉碎后进行有机肥抛撒作业。使用有机肥抛撒车，将腐熟发酵后的有机肥均匀地抛撒在田面上，有机肥施用量为每公顷 45 吨。

玉米收秸秆粉碎

有机肥抛撒作业

4.1.3 秸秆或者秸秆配合有机肥深翻作业

采用 200 马力以上的机车牵引五铧犁进行深翻作业，翻耕深度 30～35 厘米，将秸秆或秸秆和有机肥全部翻混于 0～30 厘米或 35 厘米土层中。作业过程中要求无堑沟，地表基本无可见秸秆。

秸秆深混还田作业

4.1.4　重耙秸秆或者秸秆配合有机肥深混作业

深翻作业完成后，晒垡 3～5 天以降低土壤湿度，再用重耙机呈对角线方向耙地 2 次，耙地后保证无立垡、无坐垡、残留的秸秆及根茬翻压干净。

重耙作业

4.1.5　旋耕起垄

重耙秸秆或秸秆配合有机肥深混作业后，使用旋耕机进行起垄作业，至待播种状态。

4.1.6　种植管理

玉米播种、施肥及田间管理与常规耕种方式相同。

4.2　第二年种植大豆

实施秸秆覆盖免耕。

4.2.1　秸秆覆盖

大豆收获后的豆秸抛撒在田面上，不进行其他耕作处理。

4.2.2　种植管理

大豆播种、施肥、田间管理与常规耕种方式相同。

4.3　第三年免耕种植玉米

实施玉米秸秆一次性深混还田或者秸秆配合有机肥深混还田技术，开始第二个玉米—大豆轮作循环周期。

豆茬免耕播种玉米

4.4　注意事项

该项技术适宜在秋季开始进行操作，避免春季整地导致土壤跑墒等问题；同时灭茬过程中需选用质量好、转速快的灭茬机，尽量将秸秆和根茬粉碎至 10 厘米左右，保证秸秆深混还田的效果。

5　已推广面积、具体区域、取得成效

该项技术从 2006 年开始在典型县（市）开展试验示范，截至 2021 年在黑龙江省第三积温带以北的 30 个县（市、区、农场）推广应用，累计推广应用 4 801 万亩。通过该项技术实施，土壤有机质平均增加 2.5 克/千克，耕作层厚度增加至 30 厘米以上，作物产量增加 10% 以上。

6　典型案例材料

黑龙江省海伦市位于第四积温带，年 > 10℃ 有效积温 2 200～2 400℃，属于冷凉区，土壤黏粒含量在 40% 以上，质地黏重，不利于土壤中水分和热量传导；长期不合理耕作

导致耕作层厚度减少至 15～18 厘米，犁底层厚度增加至 10 厘米左右，限制作物根系生长及对土壤中水分和养分的吸收利用。为了解决上述问题，海伦市从 2006 年开始应用该项技术构建肥沃耕层，耕作层厚度增加至 32 厘米，耕作层土壤有机质含量增加 2.6 克/千克以上、储水量增加 12.5％以上，大豆和玉米产量分别平均增加 10.5％和 11.4％。

7 效益分析

7.1 经济效益

以两年为一个轮作周期，每亩成本减少 35.3 元，效益增加 232 元。

种植模式经济效益分析

种植模式	经济效益分析（元/亩）		
	整地成本	肥料成本	增加效益
传统模式	120	198.5	0
该模式	120	163.2	232

7.2 社会生态效益

将秸秆和无害化处理后的畜禽粪污深混还田，在实现保护利用的同时，控制了秸秆焚烧和畜禽粪污随意堆放带来的环境污染问题，净化环境，促进营造美丽乡村；通过减少玉米—大豆轮作系统中肥料施用量，实现节本增效；更重要的是通过该项技术模式的实施提高各级管理部门、基层农技人员和实施主体的黑土地保护意识。

（邹文秀　韩晓增　陆欣春　严君　陈旭）

黑土区大豆土壤障碍消减与地力提升技术模式

1 解决的主要问题

东北是绿色优质大豆主产区，种植面积占我国55%，由于次生障碍（连作、侵蚀、瘠薄干旱）和原生障碍（白浆化）导致大豆年际间产量变异大，每年减产30%以上。由于东北土壤障碍形成具有独特性，在国内外仍缺乏有效解决方案，该技术通过40年长期定位试验与区域监测，结合东北三省一区的田间试验和大面积示范开展障碍消减技术研究和大豆高产模式集成，解决大豆土壤病、酸、薄、硬障碍，培肥地力、提升大豆产量，为黑土保护、大豆产业发展提供技术支撑。

2 技术原理

在东北黑土区通过长期连续监测，探明了东北大豆优势区黑土资源状况及养分特征，明确了土壤原生障碍与次生障碍的发生机理，定量表征了北部连作障碍（土壤酸化、微生物区系失衡）、中部侵蚀退化（土壤有机质含量低、保水保肥差）、东部白浆化（白浆层酸、瘦、硬）、南部瘠薄干旱（耕层薄、土壤有机质含量低）的障碍土壤特征。

以障碍因子的不同对黑土进行分区，对北部、中部、东部、南部区域土壤障碍进行针对性消减。通过施行功能菌剂调控和生物炭调酸关键技术、土壤保水和有机替代关键技术、土壤调理剂改土和机械改土关键技术及翻、免、浅耕作组合和秸秆深混、覆盖、浅混还田关键技术，与大豆—玉米轮作制度相结合，集成了以障碍因子分类消减＋地力提升为核心的大豆高产高效综合技术模式。该系列模式包括北部大豆连作障碍区"双调"模式、中部侵蚀退化区"双保"模式、东部白浆土障碍区"双改"模式、南部瘠薄干旱区"双增"模式。

模式的应用有效调控土壤微生物区系和理化性质、保水、保肥、消除土壤障碍层、使土壤耕层增厚，在消减障碍因子的同时提升耕地地力与作物产量。

3 适用范围

我国东北部黑土区，包括黑龙江省、吉林省、辽宁省与内蒙古自治区，北部大豆连作

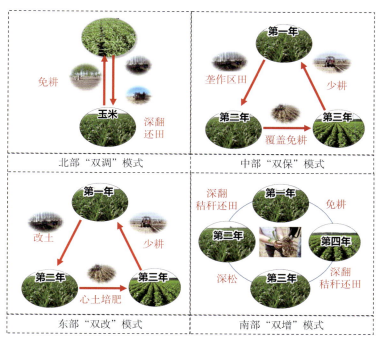

技术模式框架

障碍区"双调"模式适用于黑龙江省北部黑河地区、中部侵蚀退化区"双保"模式适用于黑龙江省克山、拜泉等地，东部白浆土障碍区"双改"模式适用于三江平原和东部山区，南部瘠薄干旱区"双增"模式适用于辽宁。

4 操作要点

4.1 北部大豆连作障碍区"双调"模式

北部大豆连作障碍区施行消减与保育调菌调酸的"双调"模式。

4.1.1 轮作制度

实施大豆—玉米轮作制度，每两年为一个轮作周期。

4.1.2 关键技术

以调控土壤微生物区系和理化性质为目标，建立功能菌剂调控（以芽孢杆菌和木霉菌为主的复合菌剂 500～1 500 克/亩）和生物炭（6 吨/公顷）调酸关键技术。通过抑病、促生、固氮、营养型微生物进行根区调控，以生物炭为载体的土壤调理剂进行土壤调酸（pH 提升 0.8～1.0 个单位），以硼钼微肥拌种，抑制土壤致病菌、提升根瘤固氮能力。

4.1.3 配套技术

施行土壤浅翻深松、免耕技术；将部分秸秆进行罐式快速发酵，形成激发剂抛撒还田进行土壤培肥，解决黑土区低温导致的秸秆腐解慢问题。

4.2 中部侵蚀退化区"双保"模式

中部侵蚀退化区施行修复保水保肥的"双保"模式。

4.2.1 轮作制度
实施大豆—玉米轮作制度，每两年为一个轮作周期。

4.2.2 关键技术
施行一翻两免＋垄作区田的土壤保水技术，以有机肥与秸秆深混还田替代25％化肥进行土壤培肥。

4.2.3 配套技术
施行平窄密栽培技术与根瘤菌生物肥施用技术。

4.3 东部白浆土障碍区"双改"模式

东部白浆土障碍区施行地力提升大小尺度改土的"双改"模式。

4.3.1 轮作制度
实施大豆—玉米—玉米轮作制度，每三年为一个轮作周期。

4.3.2 关键技术
施用以生物炭为主要载体的酸性土壤改良剂进行炭基改土；以三段犁改土装备打破白浆层进行机械改土。以有机无机复合材料为核心的土壤熟化剂进行心土培肥，促进土壤母质快速熟化。

4.3.3 配套技术
采用大垄密植方法，进行秸秆深翻轮作还田，施用白浆土专用肥。

4.4 南部瘠薄干旱区"双增"模式

南部瘠薄干旱区施行肥沃耕层构建与肥力增加的"双增"模式。

4.4.1 轮作制度
实施大豆—玉米—玉米—玉米轮作制度，每四年为一个轮作周期。

4.4.2 关键技术
建立翻、免、浅耕作组合，隔年进行一次深翻深松；秸秆深混、覆盖或浅混还田。

4.4.3 配套技术
以微生物进行调控，溶磷解钾生物肥与锌肥配合施用。

5 已推广面积、具体区域、取得成效

该系列技术模式针对我国东北黑土区土壤原生和次生障碍导致大豆减产问题，自1995年开始研发，至2006年开始在东北黑土区逐步应用。技术应用期间针对已获得的试验示范结果，不断对技术细节进行反馈调整，大豆土壤障碍消减与地力提升4个综合技术模式逐步完善成熟，并于2015年开始大面积示范推广。2017—2019年，综合技术模式在东北黑土区的累计推广面积达2 088万亩，增产粮食4.45亿千克，增收13.17亿元。黑龙江省（农业环境与耕地保护站）应用大豆—玉米轮作秸秆深还、低温促腐、生物炭调酸及耕作打破障碍层等"双调双改"技术，三年累计应用面积1 668万亩；吉林省（土壤肥料总站）应用大豆—玉米轮作秸秆覆盖免耕、深松保水、秸秆深还增效等"双增双改"技术，三年累计应用面积143万亩；辽宁省（绿色农业技术中心）应用大豆—玉米轮作秸秆覆盖免耕、有机肥增效、深松保水等"双增双保"技术，三年累计应用面积86万亩；内蒙古呼伦贝尔市（农业技术推广服务中心）应用大豆—玉米轮作秸秆轮还、障碍消减、增碳培肥等"双改双增"技术，三年累计应用面积191万亩。通过轮作耕作扩库增容、改良剂土壤障碍调理、微生物根区调控等技术的实施，使东北黑土区地力提高0.5~1个等级，大豆单产提高10%以上。

6 典型案例材料

黑龙江省齐齐哈尔市克山县为典型漫川漫岗地貌，坡耕地地形与传统耕种方式导致了严重土壤侵蚀。施行修复保水保肥的"双保"模式后，土壤有机质提高20%~30%，土壤侵蚀模数减少40%~60%，大豆玉米增产8.2%和6.1%。

黑龙江省黑河市为大豆主产区，部分连作障碍导致了严重土壤养分不均衡且地力下降。施行消减与保育调菌调酸的"双调"模式后，大豆增产7.6%~11.3%，玉米增产6.8%~9.2%。

东部白浆土障碍区（牡丹江和853农场）施行地力提升大小尺度改土的"双改"模式，有机质含量提高15%~30%，大豆增产7.1%~11.3%，玉米增产8.2%~12.5%。

南部瘠薄干旱区（公主岭）施行肥沃耕层构建与肥力增加的"双增"模式，耕层增厚2~5厘米，大豆增产9.2%~13.6%，玉米增产6.5%~9.8%。

7 效益分析

7.1 经济效益

以两年为一个轮作周期，每亩成本减少17.7元，效益增加116元。

障碍消减技术模式的产投比

障碍地区	模式成本（元/亩）	模式收益（元/亩）	增产（%）	增收（%）	增产（千克/亩）	增收（元/亩）	产投比
北部连作区	403	596.4	10.9	13.1	29	69	1.48
中部侵蚀区	464	668.4	10.2	11.5	34	69	1.44
南部瘠薄区	473	741.2	10.8	12.8	42	84	1.57
东部白浆区	473	588	8.3	9.5	24	51	1.24

注：模式成本是指该模式轮作周期内（2~4年）在基础播种收获与田间管理、深松深翻等耕作、有机肥/菌剂/调理剂等应用的总成本的年均值，生物炭成本偏高，模式设计时考虑到这一点，从而在各模式中所占比例不大，对总体经济效益无明显影响。增收是指在该区域的1个轮作周期内，大豆—玉米轮作条件下总增收的年均值。

7.2 生态和社会效益

针对东北黑土不同生态类型区问题建立的4个技术模式，引领了东北地区黑土保护和大豆生产。通过轮作扩库增容、改良剂土壤障碍调理、微生物根区调控等技术的实施，使东北黑土区地力提高0.5～1个等级，大豆单产提高10%以上；实现了资源化利用，减少了化肥的使用，为农业可持续发展提供了技术保障，为黑土地保护利用提供技术支撑，实现了大豆增产增效。

（魏丹　韩晓增　路战远　程玉臣　张军政　李玉梅　王伟　孙磊　蔡珊珊　李艳 等）

黑土地沟毁耕地修复技术模式

1　解决的主要问题

　　东北黑土区旱作农田主要分布于漫川漫岗和低山丘陵区，约有86%的旱作农田为坡耕地，存在不同程度的水土流失，主要形式分为坡面侵蚀和沟道侵蚀。坡面侵蚀冲刷剥离表土，导致黑土层变薄；黑土区沟道侵蚀仅次于黄土高原，现有侵蚀沟60万余条，绝大部分发育形成于耕地中，沟毁耕地达500万亩以上，约占耕地总面积的1%，尤其是造成耕地支离破碎，阻碍机械作业，不利于现代大机械化农业的发展，对黑土区粮食生产和农田生态系统造成了严重的损伤。

　　通过填埋修复沟毁耕地在增加耕地的面积同时还能促进地块完整，解决用地矛盾，恢复黑土农田生态，是当前黑土地保护的重要举措，对保障国家粮食安全具有重要意义，十分必要。黑土地中1/3的侵蚀沟（约20万条）可通过实施该技术，修复沟毁耕地100万亩以上，恢复地块完整近亿亩。

　　该技术已获国家发明专利，颁布地方技术标准，易实施，效果好，受欢迎。

2　技术原理

　　主要原理为通过秸秆填埋和上层覆土，消除耕地中侵蚀沟，恢复农业种植，机械自由行走；通过沟底铺设连通的暗管并间隔修筑渗井，将导致侵蚀沟发育形成的地表股流通过渗井和覆土导入暗管，通过地下管道排出田块，变地表径流为地下暗管排水，减小或消除地表股流的冲刷，使得填埋后消除的侵蚀沟不再重新成沟，实现沟毁耕地修复的目标。作为填埋的主要外源材料，秸秆需打捆压实，填入沟体的中下部，覆土后处于水饱和、厌氧且半年冰冻状态，腐解缓慢，20年后高度下降约一半，复垦后的沟道线仍为地表汇流线，随坡面地表径流，携带的泥沙多沉积在复垦区域，可弥补因秸秆腐解造成的塌陷。该技术修复沟毁耕地、增加耕地面积、完整恢复地块，保障大机械农业现代化发展，还创建了秸秆还田新模式，保护环境，化解用地矛盾。

技术原理示意图

3 适用范围

适用于坡度 0.5°~5.0° 的耕地中的小型沟和中型沟，具体判断指标为：①侵蚀沟面积小于 21 亩（中型沟上限）；②沟深不超过 3 米，不以沟长度和宽度为指标；③侵蚀沟类型为浅沟、支沟或小型切沟。

4 操作要点

技术由沟道整形、暗管铺设、秸秆打捆、秸秆捆铺设、表土覆盖、渗井布设（渗井和截流埂修筑）和出口防护 7 个工程操作组成。

4.1 沟道整形

沟道整形是沿沟岸线利用机械将侵蚀沟修成垂直于水平面的矩形沟道。将侵蚀沟修整成利于暗管和秸秆捆铺设的形状，整形沟道线基于大弯就势小弯取直的原则，应沿复垦前的沟道自然线确定整形沟道线，依据表层覆土 50 厘米所需土量和沟道截面设计特征，分段确定整形后的沟深和沟宽。整形挖土采用机械沿线并按标志桩设定深度和宽度将侵蚀沟道修整成长方体沟道，沟壁笔直。挖掘出的土壤应分层次堆放于沟岸处，表土在下、底土在上，覆土时应先填底土，再覆表土。

4.2 暗管铺设

暗管铺设于整形后沟道底部中央位置，沟底比降不应小于 2%。暗管应选取塑料材质抗压耐腐的螺纹管或盲管，管径应满足设计洪峰流量排渍流量要求，宜取 200 毫米，排渍流量要求不能满足时，应增加管径或暗管数量。暗管上开有水进入的空隙，对于无孔螺纹管，应在螺纹管中上部纵横间隔 5 厘米钻直径为 0.5~1.0 厘米的孔，铺设前包裹透水阻土的土工布。

4.3 秸秆打捆

秸秆打捆是将机械收获粉碎的秸秆打成紧实的方形捆。利用秸秆打包机按设计要求打秸秆捆。秸秆宜选麦秸和玉米秸秆，也可用大豆秸秆，打成紧实的方形捆，单捆重量不超过 25 千克，以利于人工搬运码放，密度不小于 230 千克/米³。捆绑绳应采用耐腐烂抗拉能力不低于 50 千克的材质绳。

暗管铺设

秸秆打捆

4.4　秸秆捆铺设

将秸秆捆均匀紧实码放于整形后侵蚀沟体中下部。秸秆捆沿侵蚀沟道的一端开始铺设，最底层先横向紧挨暗管铺设，第二层先在暗管正上方横向铺设一个秸秆捆，此后依次铺设，应遵循同层秸秆捆横竖兼顾、不同层秸秆错位布设、码放紧凑，秸秆层厚度应为整形后沟道深度减去 0.5 米土层厚度，且应为秸秆捆高度的倍数。

4.5　表土覆盖

利用沟道整形从侵蚀沟中挖出堆放在沟道两侧的土，用机械按底土到表土逐层回填，填埋处机械压实后表土应高出地面 10～20 厘米，留出自然沉降空间。

秸秆填埋

表层覆土

4.6 渗井布设

渗井布设应依据设计的位置，应先行在下端修筑高 50～100 厘米、宽不少于 2 米的横向弧形土埂，截流沟线汇水；在截流埂的迎水侧按设计要求铺设秸秆捆方井，上端留距岸 20 厘米空间，方井内填碎石，以直径约 20 厘米的狗头石为佳，填充后用石笼网封固，再将土工布合拢包裹，上铺设约 20 厘米厚的沙层至地表，过滤泥沙，下部与暗管相连。

4.7 出口防护

沟尾暗管出口端需填埋至少横向 1 米厚的压实土体，对于来水量较大或出口位于主沟道陡壁的暗管出口，应人工修筑宽度不少于 2 米的石笼防护墙，暗管从底部延伸到排水渠或自然沟道处。

5 已推广面积、具体区域、取得成效

该成果已累计在黑龙江省农垦系统 12 个农场推广应用 200 多条沟道，复垦后稳定，未再成沟。2016 年 10 月，在黑龙江省宁安市黑土地保护工程项目区应用 13 条，现仍稳定运行。2017—2019 年在辽宁省开原市和黑龙江省海伦市治沟专项项目区应用 46 条，修复耕地 200 余亩。2020 年在黑龙江省宾县应用 13 条，修复耕地 80 余亩；2021 年在黑龙江省海伦市应用 40 条，内蒙古莫力达瓦达斡尔族自治旗 2 条；2022 年在黑龙江海伦市应用 12 条。东北黑土区 60 万条侵蚀沟中，20 万条以上的侵蚀沟可通过该工程措施修复，可再造并恢复耕地 200 万亩，增粮 6 亿千克/年。

6 典型案例材料

实施地点：黑龙江省海伦市东风镇边井村

实施时间：2019 年初冬

实施对象：耕地中的中型沟，沟长 550 米，平均沟宽 17 米，平均沟深 2.7 米。

建设内容：挖掘土方 5 600 米³，填埋秸秆 8 200 米³，铺设暗管 1 200 米，覆土 4 600 米³，布设渗井 4 道、沟尾石笼防护一处，修复沟毁耕地 20 亩，挖截流沟 120 米、排水渠 360 米，布设涵管 2 处。

复垦前

复垦后

7 效益分析

7.1 投入成本

7.1.1 秸秆填埋

秸秆打包机就地打包，每捆（多为 0.12 米³）成本 3 元，运费 2 元，合计秸秆填埋成本为 45 元/米³。

7.1.2 沟道整形和回填土

土方成本 10 元/米³。ϕ200 塑料带孔螺纹管，价格 38 元/延长米，加上包土工布和运费及铺设费，折合成本 45 元/延长米。

7.1.3 渗井和出口防护

主要材料砺石成本 200 元/米³。

综合上述成本及实践经验，复垦成本总体为 75 元/米²、125 元/米³，复垦侵蚀沟平均造地 1 亩，成本 5 万元。

7.2 经济效益

复垦恢复耕地年亩增产粮食 300 千克，增收 900 元，减少机耕投入 2 250 元，即亩年新增纯获益 3 150 元，收回投资成本需 16 年。

7.3 生态效益

一是可以增加耕地面积，有效遏制水土流失，减少土壤流失 95% 以上，实现坡耕地可持续利用。二是使破碎的耕地修复完整，显著改善农田生态系统景观和功能。三是创建秸秆利用新模式，减少了秸秆焚烧、无序堆放等现象，对环境保护具有明显作用。

（张兴义　郭明明）

松嫩平原北部黑土地有机种植技术模式

1　解决的主要问题

松嫩平原北部因长期水蚀风蚀等自然力作用和不合理的耕种，黑土有机质退化，农田生态环境恶化，传统农业种植效益不高。构建有机玉米—大豆轮作种植技术模式，优化集成配套针对性农艺农机措施，带动农业废弃物高效循环利用，可有效防控黑土地退化，提高土壤有机质含量，减少肥药施用，提升黑土健康水平。

2　技术原理

构建玉米—大豆轮作系统中以有机物料高效施用、病虫草害非化学防治为核心的黑土地有机种植技术体系。通过有机肥替代化学肥料、生物防治代替化学防治、机械和人工结合除草代替化学除草，避免土壤环境损害；通过禾本科和豆科作物轮作，大豆季根瘤菌固氮提高土壤肥力供玉米吸收，集成配套大垄双行密植栽培、中耕追肥、深松等农艺措施，保障作物产量；通过畜禽粪肥合理处置还田和有机肥高效施用，有效消纳当地秸秆、畜禽粪肥等农业废弃物，提高土壤质量、农产品品质和农业综合效益。

3　适用范围

松嫩平原北部中厚层黑土区。

4　操作要点

构建有机鲜食玉米—大豆的轮作模式。以两年为一个轮作周期，第一年种植鲜食玉米，播前深施有机肥、机械除草、生物防虫、中耕追施有机肥，玉米秋收后农家肥还田整地；第二年种植大豆，播种前深施有机肥、机械除草、生物防虫、中耕，大豆收获后农家肥还田整地。具体田间操作关键要点如下：

4.1 第一年种植玉米

4.1.1 播前垄下有机肥深施

4月10日至5月5日，根据土壤养分测试结果及有机肥养分含量确定有机肥施用量。土壤化冻深度达15厘米、垄沟化冻12厘米时，采取垄下分层定量定位有机肥深施，行距36～38厘米，浅层有机肥在垄下深度12～14厘米施总量的1/3，深层有机肥在垄下深度16～18厘米施总量的2/3，播种前适时镇压。

4.1.2 叶面有机肥施用

玉米4～5叶期、拔节期及大喇叭口期分别喷施符合有机标准的含天然氨基酸的有机叶面肥。

4.1.3 中耕有机肥追施

玉米7～9可见叶时，根据有机肥养分含量，按照每亩纯氮4千克、纯磷2千克、纯钾2千克折算成有机肥用量，在深度8～10厘米处追施有机肥，一般于6月20日至7月10日内完成。

4.1.4 机械除草

（1）深松蒙头土覆草　玉米出土前后深松作业，覆盖刚出土的杂草。

（2）旋转锄除草　玉米出苗后株高15厘米时进行旋转锄除草作业，实现松土除草。

蒙头土覆草作业　　　　　　　　　　　　　　　玉米旋转锄除草

（3）智能除草机除草　玉米株高10～20厘米时采用智能除草机进行除草作业，鸭掌铧、翼型尺入土深度3～5厘米。

（4）中耕夹犁除草　玉米株高15厘米以上，苗带中间加装两个单翼尺或采用单杆尺配带燕尾翅去除行间杂草。垄沟两侧加装单翼尺、前端配深松杆尺、后端配覆土铧进行中耕培土除草作业。

4.1.5 病虫害生物防治

两次释放赤眼蜂防治玉米螟，每次8 000头/亩；喷施苏云金杆菌（BT）粉剂防治玉米螟和黏虫，每亩用量150克。

大喇叭口期初期和抽雄初期喷施1 000亿/克枯草芽孢杆菌100克/亩，进行叶面喷雾

智能除草机除草

防治玉米大斑病。

抽雄初期，喷施 0.4％蛇床子素 70 毫升＋0.3％印楝素 30 克 500 倍液防治玉米大斑病和双斑萤叶甲等病虫害。

根据田间实际情况喷施 1.5％除虫菊素水乳剂 100 毫升/亩或苏云金杆菌 80 克/亩，叶面喷雾防治玉米虫害。

4.2 第二年种植大豆

4.2.1 播前深施有机肥

4 月 10 日至 5 月 5 日，根据土壤养分测试结果及有机肥养分含量确定有机肥施用量，全部作基肥施用，大豆季不追肥。土壤化冻深度达 15 厘米、垄沟化冻 12 厘米时进行垄下分层定量定位有机肥深施作业，施肥行距 36～38 厘米，浅层有机肥施用在垄下深度 10～12 厘米（总量 1/3），深层有机肥施用在垄下深度 12～14 厘米（总量 2/3）；施肥机配带整形板，作业后垄形标准一致，垄宽 65 厘米、垄高 20 厘米，播种前适时镇压。

4.2.2 机械除草

（1）深松蒙头土覆草　大豆出土前后深松翻土覆盖刚出土的杂草。

（2）旋转锄除草　大豆出苗后至株高 20 厘米旋转锄松土除草。

（3）智能除草机除草　大豆株高 5～20 厘米时进行智能除草机除草作业，鸭掌铧、翼型尺入土深度 3～5 厘米。

（4）中耕夹犁除草　大豆株高 15 厘米以上时，苗带中间加装两个单翼尺或采用单杆尺配带燕尾翅去除行间杂草。垄沟两侧加装单翼尺、前端配深松杆尺、后端配覆土铧进行中耕培土除草作业。

4.2.3 病虫害生物防治

哈茨木霉菌 200 克/亩＋氨基寡糖素 100 克/亩，间隔 5～7 天喷施一次，连续防治

2次大豆菌核病（白腐病）。

氨基寡糖素100克/亩或80％硫黄可湿性粉剂15克/亩或1％香芹酚水剂100毫升/亩交替使用喷施两遍；或采用1％香芹酚水剂100克、枯草芽孢杆菌、井冈蜡芽菌分别在苗期和初花期进行预防性防控。

选用金龟子绿僵菌油悬浮剂100毫升/亩、1.5％除虫菊素水乳剂100毫升/亩、0.6％苦参碱水剂100毫升/亩、苏云金杆菌可湿性粉剂80克/亩、印棟素、鱼藤酮，进行叶面喷雾防治大豆虫害。

4.3 第三年免耕种植玉米

实施播前有机肥深施、机械除草、生物防虫、中耕追施有机肥、玉米秋收农家肥还田整地起垄技术体系，开始第二个有机鲜食玉米—大豆的轮作循环周期。

4.4 注意事项

（1）所有投入品都要严格按照《有机产品 生产、加工、标识与管理体系要求》（GB/T 19630—2019）相应规定执行。

（2）整地、起垄和播种应按标准化操作，精益求精，以便后续智能除草和机械化追肥作业。

5 已推广面积、具体区域、取得成效

该技术模式从2015年开始在黑龙江齐齐哈尔、北安农场等地开始试验，2019年开始在依安县、克山县、克东县、富裕县、拜泉县、北安市等6个县（市）推广应用。2020—2022年三年间在松嫩平原北部累计推广应用面积110万亩。其中，齐齐哈尔市有机食品认证面积已达到26.5万亩。

6 典型案例材料

齐齐哈尔市依安县把推广有机种植和发展有机农业作为黑土地保护利用和乡村振兴的重要突破口，2019年启动土地有机转换工作，2020年建设有机转换基地6.4万亩，其中有机鲜食玉米5.3万亩、有机大豆1.1万亩。参照国家相关有机农业和有机产品标准，制定有机鲜食玉米、有机大豆生产技术规程，并探索出"一蒙、二旋、三中耕、四智能"全程除草作业模式，全程施用有机肥和使用生物农药，逐渐形成有机种植全过程技术模式。2022年该技术模式推广到9个乡镇，有机转换15万亩。通过推广有机种植，农田生态环境大幅改善，土壤健康水平明显提升，黑土地力得到恢复，有机质含量提升7克/千克，土壤容重降低2.3％。作物秸秆和畜禽粪肥得到充分利用，推动提质增效和乡村人居环境明显改善。

7 效益分析

有机农业种植相对于传统农业种植具有更好的经济、社会和生态效益，综合效益突出。

7.1 经济效益

种植有机鲜食玉米和大豆农民净利润分别可达到 1 800~3 290 元/亩、1 500~1 750 元/亩，种植普通鲜食玉米和大豆农民净利润分别为 1 180~1 810 元/亩、950~1 125 元/亩（含大豆补贴），有机种植模式下农民每亩净利润明显高于普通种植模式。此外，有机种植剩下的有机作物秸秆，可为奶牛有机养殖提供宝贵的有机饲料支撑，推动地方畜牧养殖业提质增效。

7.2 社会效益

每万亩有机种植可拉动就业近 2 000 人；有机种植在各环节技术要求较高，能有效促进劳动者从思想意识和实践技能上实现革命性提升，推动农业现代化水平；有机农产品后续加工、流通、休闲农业等产业链条相对长，能有效促进乡村产业振兴。

7.3 生态效益

该技术模式对农田生态环境起到很好的保护作用，有助于提升土壤健康水平。同时具有很好的碳减排作用，每万亩有机玉米种植比普通玉米种植每年可减少 CO_2 排放 6 620 吨。通过种养循环、增施有机肥，可有效提高土壤有机质含量，并改善乡村人居环境。

（李泽红　廖晓勇　张亦涛　侯瑞星　王介勇　骆生）

吉林省湿润冷凉区
玉米秸秆粉耙还田技术模式

1 解决的主要问题

吉林省湿润冷凉区主要分布在吉林省东部的吉林市和延边朝鲜族自治州两个地区，区域内≥10℃活动积温范围2 000～2 500℃，降雨量在600毫米以上，气候湿润冷凉。土壤类型以白浆土和暗棕壤为主，耕层浅，有机质含量低。因此，吉林省湿润冷凉区黑土地在玉米生产上存在着春季土壤温度低、湿度大和耕地质量下降等问题，限制了玉米产量水平的提升。因此，吉林省湿润冷凉区黑土地保护与利用的核心任务是土壤增温散墒和玉米生产提质增效的协同。

2 技术原理

主要技术路径：以秸秆全量粉耙还田为核心，优化集成隔年深松、适时镇压、垄作精播等技术，形成吉林省湿润冷凉区玉米秸秆全量粉耙还田技术模式。秸秆粉耙还田使粉碎后的秸秆与土壤充分混合，一方面提高土壤的孔隙度与通气性，有利于春季土壤增温散墒；另一方面促进秸秆腐解，有助于提高土壤有机质含量，改善土壤理化性质，实现湿润冷凉区秸秆全量还田、土壤肥力提升与玉米增产的协同。

3 适用范围

适于活动积温范围2 000～2 500℃、降雨量在600毫米以上的区域，主要在吉林省东部的吉林、延边、白山等地区。

4 操作要点

该技术模式在前一年的秋季进行秸秆粉碎、深松、耙地、起垄等作业，第二年进行播种、施肥。具体田间操作步骤如下：

4.1 秸秆粉碎

玉米收获的同时或收获后，采用秸秆粉碎还田机对秸秆进行粉碎，秸秆粉碎长度以≤

10 厘米为宜。如秸秆粉碎长度不合格，可进行二次粉碎。

秸秆粉碎作业

4.2　深松作业

采用偏柱式深松机进行深松作业，深松深度应大于 30 厘米。深松频次视土壤状况而定，如土壤结构良好，3 年深松一次；如土壤板结，需隔年深松一次。

深松作业

4.3　耙地作业

用重耙机耙地 2～3 次，耙深 20 厘米左右。耙地作业方向与耕向夹角大于 30°，避免顺耙。

耙地作业

4.4　起垄作业

耙地作业后，采用起垄机起垄，至播种状态。

起垄作业

4.5　播种

当土壤 5 厘米地温稳定通过 8℃时进行播种。按照气候适应性选择品种，确定适宜种植密度。由于耕层土壤中分布秸秆较多，应采用镇压效果好的播种机进行播种。

播种作业

4.6 施肥与田间管理

根据土壤肥力和目标产量确定合理施肥量，建议采用分次施肥的方式，即播种时施入底肥，在玉米拔节期追施氮肥。田间管理参照当地常规耕种方式。

玉米拔节期追肥作业

4.7 注意事项

4.7.1 选用质量好的秸秆粉碎机，尽量将秸秆长度粉碎至 10 厘米以下，以保证后续耙地作业效果。

4.7.2 如秸秆粉碎长度过长，需通过增加重耙次数，更好地对秸秆进行切碎，使秸秆和土壤更充分地混合，避免秸秆托堆，影响出苗质量。

4.7.3 挑选镇压效果好的播种机进行播种，以保证播种质量。

5 已推广面积、具体区域、取得成效

该项技术从 2010 年开始在典型县（市）开展试验，2016 年开始在吉林省敦化、安图、桦甸、磐石和蛟河 5 个县（市）推广应用，2016—2020 年累计应用面积 750 万亩。采用秸秆粉耙还田耕种模式极大地改善了土壤耕层的物理性状，其中 0～30 厘米耕层的土壤容重平均降低了 15.4%；在播种后一个月内，0～30 厘米耕层的土壤温度平均提高了 2.8℃，0～30 厘米耕层的土壤含水量平均降低了 5.8%，有利于春季土壤的增温和散墒。秸秆粉耙还田在改善土壤物理性状的同时，也有效补充了土壤的养分，与常规耕作相比，粉耙还田后 0～30 厘米耕层有机质含量增加了 18.8%、速效氮含量增加了 12.5%、速效钾含量增加了 18.6%。

土壤理化性质比较

耕种模式	有机质含量（克/千克）	速效氮含量（毫克/千克）	速效钾含量（毫克/千克）	土壤容重（克/厘米³）	土壤温度（℃）	土壤含水量（%）
常规耕作	25.17±2.06b	228.58±7.79b	102.26±4.34b	1.49±0.04a	9.12±0.32b	23.83±0.34a
秸秆粉耙还田	29.90±1.35a	257.09±5.84a	121.31±2.92a	1.26±0.02b	11.92±0.75a	22.45±0.22a
变幅（%）	+18.80	+12.47	+18.63	−15.44	+30.70	−5.79

注：表中同一列数据后带有不同小写字母者表示在 0.05 水平上差异显著（$P<0.05$）。

选取最近 3 年数据对产量进行调查，发现与常规耕作相比，秸秆粉耙还田耕种模式可有效增加玉米产量。2019—2021 年，采用秸秆粉耙还田耕种模式的玉米产量分别增加了 7.7%、7.5% 和 8.2%。

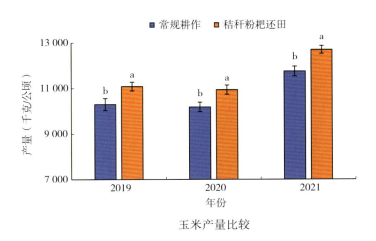

玉米产量比较

6 典型案例材料

吉林省敦化市属于典型的湿润冷凉区，土壤类型是白浆土和暗棕壤，春季土壤低温、冷凉，耕层质量差。为了解决上述问题，敦化市从 2014 年开始应用该项技术，针对性地解决了玉米生产上面临的这些问题。调查发现，0～30 厘米耕层的土壤容重平均降低了

15.5%；在播种后一个月内，0～30 厘米耕层的土壤温度平均提高了 2.8℃，0～30 厘米耕层的土壤含水量平均减低了 5.8%，有利于春季土壤的增温和散墒。试验表明，与常规耕作相比，粉耙还田后 0～30 厘米耕层有机质含量增加了 18.8%、速效氮含量增加了 12.5%、速效钾含量增加了 18.6%。秸秆的粉耙还田促进了根系的发育，根系干物重比常规种植提高了 8.9%，气生根数量提高了 5.3%，在 2020 年的倒伏调查中，发现粉耙还田的植株比常规种植的植株平均减少倒伏 45.0%，粉耙还田模式显著提高了根系的抗倒伏能力。2020 年对粉耙还田玉米生产田进行测产，结果发现，粉耙还田的玉米产量较对照生产田增产 6.13%。

7 效益分析

7.1 经济效益

与当地农户常规耕作方式相比，秸秆粉耙还田的种植成本增加了 130 元/公顷，产量增加了 820 千克/公顷，总产值增加 1 640 元/公顷，纯效益提高了 1 510 元/公顷。

7.2 社会效益

吉林省湿润冷凉区玉米秸秆粉耙还田技术模式进一步提高了农作物秸秆综合利用水平，提供了一条提高玉米生产水肥利用效率、节约种粮成本、增加种植效应的有效途径。有利于形成布局合理、多元利用的秸秆综合利用产业化格局，社会效益显著。

7.3 生态效益

吉林省湿润冷凉区玉米秸秆全量粉耙还田技术模式避免了秸秆的焚烧，减少了碳排放量，提高了土壤固氮率。同时，秸秆的全量还田改善了土壤结构，提高了土壤质量，提高了微生物活性，减少了农残含量，维持了土壤的养分平衡，生态效益明显。

（赵洪祥　宋杭霖　李斐　徐晨）

半干旱区玉米秸秆深翻还田
水肥一体化产效双增技术模式

1 解决的主要问题

  吉林省半干旱区包括松原、白城、四平西部和长春西北部等 14 个市（县、区），耕地面积约 3 500 万亩。土壤主要为黑钙土、风沙土及盐碱土，肥力水平较低；无霜期 135～150 天；年降水量 350～450 毫米；10℃ 以上积温 2 800～3 000℃，年日照时数 2 900 小时，光热资源充足。

  该区域玉米种植面积约 2 100 万亩，平均单产 470 千克/亩。传统种植方式在秸秆利用和水肥管理方面，春播前秸秆离田或焚烧，播种时采用"坐水种"补水播种，出苗后遇严重干旱多采用垄沟大水漫灌方式进行灌溉，用水量大；肥料管理方面，部分农户在整地时施底肥，施入全部磷、钾肥和 30% 氮肥，剩余氮肥在拔节前追施尿素；部分农户采用"一炮轰"施肥，后期不再追肥。该区域"十年九旱"，季节性干旱频发，土壤瘠薄、水肥利用效率低，粮食产量年际间稳定性差。因此，半干旱区耕地地力与产能协同提升的核心是玉米秸秆深翻还田改善土壤理化性状和水肥一体化提高水肥利用效率。

2 技术原理

  主要技术路径：通过秸秆深翻还田，打破犁底层，改善土壤物理性质，增加耕层厚度，提高土壤有机质含量，建立肥沃耕层，大幅度提高耕地质量；依据玉米需水、需肥规律，实施水肥一体化管理，在玉米不同生长阶段，通过滴灌方式将水肥精确输送到玉米根区，保证水肥同步供应。实现半干旱区耕地质量提升、节水工程措施和农艺措施相结合，黑土地保护利用与农民增收相结合。

  该模式构建了半干旱区以玉米秸秆深翻还田和水肥一体化技术为核心的半干旱区玉米产效双增技术体系，包括机收粉碎、喷施秸秆腐解剂、秸秆翻埋、碎土重镇压等秸秆还田作业，打破犁底层，增加耕层厚度和土壤有机质含量，改善耕层结构，建立肥沃耕层；玉米水肥一体化技术，通过"根域灌溉、水肥同步、少餐多次"管理，破除了常规种植"饱和式单一灌溉土壤"水肥脱节的弊端，大幅度提高水肥利用效率和玉米产量。在提高耕地质量的同时实现增产增收的目标。

技术流程

技术模式图

3 适用范围

适于年降雨量300～450毫米区域，主要在吉林省西部地区（白城、松原）和中部部分地区（长春和四平西部）；内蒙古通辽、赤峰和乌兰浩特；黑龙江大庆和齐齐哈尔等地。

4 操作要点

秋收后秸秆深翻还田，整地后为第二年播种做好准备；第二年春季机械播种，铺设滴灌系统。具体操作步骤如下：

4.1 良种选择与精密播种

按照气候适应性、丰产性、抗病性、抗倒性、水肥高效性等原则进行品种选择。选出适合本区域栽培的玉米品种有吉单66、吉单82、迪卡159、富民105、富民108、吉单436、吉单953、吉农玉2988等。适宜种植密度：7.0万～8.0万株/公顷。

采用浅埋滴灌宽窄行平播，一次性完成施底肥、开沟、放管、埋土、播种作业。将滴灌带铺设在窄行内，滴灌带上覆土2～3厘米。最佳行宽为窄行40～50厘米，宽行80～90厘米，播后立即接好管道，及时滴出苗水，确保苗全、苗齐、苗壮。

4.2 水肥一体化管理

依据玉米需水、需肥规律，在玉米不同生长阶段，将养分精确输送到玉米根部，实现"水肥同步，少餐多次"。

4.2.1 水分管理

水分管理遵循自然降雨为主、补水灌溉为辅。自然降雨与滴灌补水相结合，灌水次数

宽窄行平播　　　　　　　　播后滴出苗水　　　　　　　水肥一体化管理

与灌水量依据玉米需水规律、土壤墒情及降雨情况确定。实行总量控制、分期调控，保证灌溉定额与玉米生育期内降雨量总和达到 500 毫米以上。

4.2.2　养分管理

养分管理采用基施与滴施相结合，有机肥及非水溶性肥料基施，水溶性肥料分次随水滴施。磷、钾肥以基施为主、滴施为辅，氮肥滴施为主、基施为辅。实行总量控制、分期调控，氮（N）220～240 千克/公顷、磷（P_2O_5）70～90 千克/公顷、钾（K_2O）80～100 千克/公顷；追肥随水滴施 3 次。

4.2.3　灌溉施肥制度

在生产实际中，滴灌施肥受肥料种类、地力水平、目标产量等因素影响，需要因地制宜。下表为复合肥（14-15-19）300 千克、水溶肥（36-5-6）500 千克滴灌水肥一体化配施方案。

灌溉施肥制度

生育时期	补水量（吨/公顷）	养分用量（千克/公顷）			中微量元素肥料（%）	有机肥（%）	备注
		N	P_2O_5	K_2O			
播种前	0	42	45	57	100	100	复合肥 300 千克作底肥
播种后	150～250	0	0	0	—	—	滴出苗水
拔节期	200～300	54	7.5	9.0	—	—	水溶肥 150 千克滴施
大喇叭口期	350～500	72	10.0	12	—	—	水溶肥 200 千克滴施
灌浆期	300～450	54	7.5	9.0	—	—	水溶肥 150 千克滴施
合计	1 000～1 500	222	70	87	100	100	—

4.3　病虫草害绿色防控

采用生物防治、物理防治和科学用药相结合的防控技术，降低病虫草危害，保障玉米生产绿色安全。

4.3.1　种子包衣处理

选含有丁硫克百威、烯唑醇、三唑醇和戊唑醇等成分的高效低毒种衣剂进行种子包衣，防治地下害虫与土传病害。

4.3.2　化学除草

苗后除草：采用烟嘧磺隆有效成分 3 克/亩＋硝磺草酮 6 克/亩＋莠去津 19 克/亩＋ 0.1％助剂，在杂草 3～4 叶期，进行喷雾防治。

4.3.3　病虫害防治

防治玉米叶斑病：大喇叭口期、发病初期，喷施丙环嘧菌酯、苯醚甲环唑等，隔 7～ 10 天喷施一次，连续施药 2 次。

玉米螟防治：生物与化学药剂相结合。

生物防治：7 月上、中旬在一代玉米螟始见卵时开始释放赤眼蜂，每亩 20 000 头，分两次释放，第一次释放 5 天后释放第二次；或玉米芯投放白僵菌颗粒进行生物防治。

化学药剂防治——高架车　　　　　　　　　化学药剂防治——无人机

化学药剂防治：采用高效低毒药剂防治，可选用 40％氯虫噻虫嗪水分散粒剂或 20％ 氯虫苯甲酰胺悬浮剂等防治。

4.4　机械收获与秸秆还田

4.4.1　机械收获

采用玉米收获机，在玉米生理成熟后，籽粒含水量＜28％时进行收获，最佳籽粒含水率以 20％～25％为宜。田间损失率≤5％，杂质率≤3％，破碎率≤5％。

4.4.2　秸秆还田

4.4.2.1　机收粉碎

采用大马力收获机收获的同时，粉碎秸秆；再用秸秆还田机进一步粉碎，粉碎长度≤ 20 厘米，均匀覆盖于地表。

4.4.2.2　调碳氮比、喷施秸秆腐解剂

为促进秸秆的腐解，在粉碎的秸秆上，施入尿素 120～180 千克/公顷；同时，均匀喷施秸秆腐熟剂，施用量按照产品说明书进行。

4.4.2.3　秸秆翻埋

采用栅栏式液压翻转犁（配套拖拉机＞140 马力）进行深翻作业，翻耕深度≥30 厘米，将秸秆翻埋至 20 厘米左右的土层中。

4.4.2.4　碎土重镇压

采用动力驱动耙或旋耕机进行碎土、平整、重镇压作业，防止失墒和风蚀。

4.5 注意事项

（1）半干旱区秸秆深翻还田作业适宜在秋季进行，避免春季整地土壤跑墒。

（2）滴灌带铺设要随玉米播种同步进行，播种后及时滴出苗水，以提高出苗率和整齐度。

5 已推广面积、具体区域、取得成效

该项技术从 2006 年开始在乾安县开展试验，2010 年开始在吉林白城、松原、四平、长春推广应用，累计推广 1 065 万亩；2013 年开始在内蒙古通辽开鲁和科尔沁左翼中旗推广应用，累计推广 405 万亩。通过实施该技术，耕层加深至 30 厘米；耕层有机质（5 年）含量增加 0.3％；根系纵向延伸显著；产量增加 30％以上、水分利用效率提高 40％以上、肥料利用率提高 30％以上。

6 典型案例材料

乾安县大遐畜牧场位于吉林西部半干旱区典型区域，年降雨量 400 毫米左右，10℃以上积温 2 850℃，无霜期 135～140 天；土壤以盐碱土和黑钙土为主，土壤 pH7.0～10.0；地下水资源丰富，利于打井灌溉，全场有机井 1 239 眼，其中水田 524 眼、旱田 715 眼，平均每眼井灌溉面积 10.3 公顷，耕地灌溉面积达 80％。全场现有耕地 24 万亩，其中旱田 19.05 万亩、水田 4.95 万亩，是乾安县玉米主要产区之一，年产量 1 亿千克以上，多年玉米平均单产 500 千克/亩。2019 年起，乾安县大遐畜牧场开始应用玉米水肥一体化产效双增技术，目前应用面积达到 7 万亩，玉米机收实测产量 740 千克/亩，平均亩增产 240 千克，亩增收 395 元；水分利用效率提高 43.1％，化肥利用率提高 30.2％。

7 效益分析

7.1 经济效益

7.1.1 设备投入成本

技术模式需一次性投入 23 180 元/单元（10 公顷），用于购买水泵、过滤器、水肥一体机、施肥罐、主干管、支管、管件、滴灌带等，年均投入 1 277 元/公顷。

7.1.2 经济收益

采用水肥一体化产效双增技术玉米单产可达 12 000 千克/公顷，较玉米常规种植模式可提高玉米产量 3 000 千克/公顷。玉米价格按 2.0 元/千克计算，增收 6 000 元/公顷。扣除较常规种植模式增加的滴灌设备成本 1 277 元/公顷，净收入可增加 4 723 元/公顷，每亩增收 315 元左右。

7.2 社会效益

显著节本增效，每亩节水 30 吨、节省人工 30 元、劳动生产率提高 20 倍；有效保护黑土地，耕层厚度增至 30 厘米；耕地地力等级提高 0.5 个等级；有效提升玉米品质，商

品粮等级达国家标准二等。实现了全要素生产率提升。

7.3 生态效益

应用该技术模式后，耕层能够达到 30 厘米左右，耕地地力等级提高 0.5 个等级。土壤容重下降 8% 以上，氮效率增加 46.6%，氮损失减少 37.5%，碳排放减少 8.2%。该技术模式可有效利用秸秆和水肥资源，实现耕地土壤保护和农业高质量发展的目标。

（王立春　刘慧涛　高玉山　孙云云　刘方明　窦金刚　侯中华）

内蒙古大兴安岭北麓高寒旱作区
麦油轮作免耕秸秆覆盖还田技术模式

1　解决的主要问题

解决内蒙古大兴安岭北麓高寒旱作区黑土地由于常规耕作导致的黑土层变薄、耕作层变浅和土壤养分流失等问题。

2　技术原理

通过配套实施合理轮作、免耕播种、秸秆覆盖还田技术，有效防治土壤风蚀沙化，逐步培肥土壤，提高土壤抗旱能力，达到黑土地保护利用兼顾的目的。

3　适用范围

适用于内蒙古大兴安岭北麓高寒旱作区和与该区域生态条件类似地区，要求土地平整、连片、规模化种植，土层厚度在30厘米以上。

4　操作要点

以两年为一个周期，实施麦油轮作免耕秸秆覆盖还田技术，即：第一年播种小麦（或大麦），秋季收获留茬、秸秆抛撒覆盖地表；第二年免耕播种油菜，秋季收获留茬、秸秆抛撒覆盖地表或深翻、重耙。具体操作要点如下：

4.1　第一年种植小麦（大麦）

4.1.1　播种与田间管理

播种深度3～5厘米，要求播深一致，覆土严密，确保一播全苗。测土配方施肥，肥料与种子分层施用。结合天气情况，进行病虫草害的适时防治。

4.1.2　收获留茬、秸秆抛撒覆盖技术

小麦（大麦）采取机械收获留茬，小麦（大麦）留茬高度15～20厘米，要求秸秆粉碎后均匀地铺撒于地表，覆盖度达到100%，抛撒薄厚一致，以达到第二年春季免耕播种作业要求。

病虫草害防治作业

小麦收获与秸秆粉碎抛撒作业

4.2　第二年种植油菜（休闲）

4.2.1　免耕播种

在小麦秸秆覆盖基础上，使用免耕播种机进行播种。

4.2.2　油菜秸秆覆盖

油菜收获：一般全田叶片基本落光，植株主花序 70% 以上变黄，籽粒呈本品种固有颜色，分枝角果 80% 开始褪绿，主花序角果籽粒含水量为 35% 左右，进行油菜割晒收获。割晒厚度一般为 25～35 厘米，宽度 1.5 米，在田间晾晒 7～10 天，再用联合收割机进行捡拾脱粒收获。

油菜秸秆覆盖：割晒时留茬高度一般保持在 20～25 厘米，其余秸秆全量粉碎均匀覆盖于地表。

油菜秸秆粉碎抛撒作业

4.2.3 种植管理

油菜种植需注意施用硼肥，田间管理与常规耕种方式相同。

4.2.4 耕整地及深翻、深松技术

根据土壤情况，每隔 3 年用全方位深松机进行深松，深度在 30 厘米以上。要求深浅一致，打破犁底层，减少表土残留秸秆数量，加快秸秆腐化速度。对全方位深松后的农田进行耙茬镇压处理，在整地同时兼顾施用有机肥料，施肥方式以撒施和集中条施为主，深施入土。

对于板结特别严重的地块用螺旋式犁壁犁或翻转犁进行深翻作业，土层翻转 90°，作业深度 30 厘米以上。深翻后及时耙耱整地，破碎土块，然后镇压至待播状态。尽量秋收后完成，春季不整地。

深翻作业

5 推广面积及区域

该技术在大兴安岭北麓区（额尔古纳市、牙克石市、陈巴尔虎旗、新巴尔虎左旗等地）推广应用，2000—2022 年间累计推广应用面积 8 300 余万亩次。

6 典型案例

呼伦贝尔农垦集团从 2000 年开始应用该项技术，耕地质量平均提高 0.2 个等级，麦类、油菜增产 10% 左右。

7 效益分析

7.1 经济效益

可提高麦类、油菜产量 8%～12%。油菜平均增产 10.4 千克/亩（按 5 元/千克计算），增加收益 52 元；减少机械作业工序，可降低作业成本 20 元/亩；每年油菜风灾面积占当年播种面积的 30%，可免除风灾损失 60 元/亩，总亩均收益 125.6 元。麦类平均增产 22.0 千克/亩（按 2.4 元/千克计算），增加效益 52.8 元；减少机械作业工序，降低作业成本 20 元/亩，总亩均收益 58.4 元。

7.2 生态效益

保护性耕作技术可有效防止耕地沙化和水土流失现象。秸秆还田减少大气污染，提升地力。按每年免耕播种 100 万亩算，每年减少焚烧麦秸 30 万吨，可减少二氧化碳排放 42 万吨、二氧化硫 4 200 吨、烟尘 3 000 吨；可提高土壤水分利用率 10%～15%，减少土壤风蚀 40% 以上，土壤有机质年均增加 0.03%。

7.3 社会效益

改变长期以来农业生产沿袭的春耕秋翻耕作制度，减轻劳动强度，提高耕作效率。冬春季节大面积疏松裸露的农田地表被残茬秸秆覆盖，有效地抑制沙尘飘移，人居环境得到美化与净化。

（乔志刚　王璐　罗军　王跃飞　路战远　宋昌海　吴雪琨　刘宏金　程玉臣　姜英君　张德健　董文斌　张向前　孙秀琳　袁立明　杨茜雯）

吉林省半湿润区玉米秸秆全量深翻还田地力提升技术模式

1 解决的主要问题

由于长期以来"重用轻养"，秸秆还田面积小，有机肥施用面积和施用量少，黑土耕层有机质量减质退、结构日趋劣化、水肥保供能力急剧下降。近60年来东北黑土地耕作层土壤有机质含量平均下降1/3，部分地区下降50%；东北黑土层平均厚度降到30厘米，比开垦之初减少了约40厘米；土壤结构退化、土质硬化、蓄水保墒能力下降。因此，东北黑土地保护利用的核心是增加土壤有机质含量，提升土壤肥力，增加土壤微生物数量，提高酶活性，加速有机物质分解和矿物质养分转化，改善土壤理化性状，增强土壤保肥保水能力。

2 技术原理

主要技术路径：通过翻耕作业改变耕层"浅、薄、硬"的结构劣化特征，增加耕层厚度与水养库容；玉米秸秆全量还田增加有机物质的投入，提高养分供应，改善土壤生物活性，通过土壤结构、养分保供与生物活性的整体优化，实现黑土地质量水平的提升。以玉米秸秆全量深翻还田技术为核心，优化集成养分调控、病虫草害防控等技术，构建了玉米秸秆全量深翻还田地力提升技术模式，实现了土壤质量与粮食产能的协同提升。

该模式创新了"高效低耗型"玉米秸秆全量直接还田技术。规范了还田机械作业参数，改进了翻转犁、深松犁等配套装备，使作业质量明显提升，作业效率提高20%、成本降低10%、作业次数减少1～2次，用秸秆粉碎机将摘穗后的农作物秸秆就地粉碎，均匀抛撒在地表，随即翻耕入土，使之腐烂分解，有利于把秸秆的营养物质完全地保留在土壤里，增加土壤有机质含量、培肥地力、改良土壤结构，并减少病虫危害，为黑土地深层增碳与地力提升提供主体技术。

3 适用范围

吉林省中部半湿润区的中南部，降雨量在450～650毫米的地区，包括公主岭、伊通、榆树等及其他在此范围内的市县。要求土地平整、黑土层厚度在30厘米以上。

秋季 　收获后至上冻前　　　　　　　　　　　　　　冬季　　宽窄行交替平播种植　春季

秸秆粉碎 → 秸秆深翻 → 旋耕耙平 　　　越冬 → 轻耙整地 ← 4月中上旬

适时收获 　　　　　　　　　　　　免耕平播施肥一体化 ← 4月下旬至5月上旬

玉米螟、黏虫防治 　镇压 ← 5月中下旬

机械收获 ← 病虫草害一体化防控 ← 深追肥 ← 封闭除草

10月上旬　　　7月中上旬　　夏季　　6月中上旬

技术模式框架

4　操作要点

4.1　秸秆翻埋

秋整地、秸秆翻埋

　　玉米进入完熟期后，采用大型玉米收获机进行收获，同时将玉米秸秆粉碎（长度≤20厘米），并均匀抛散于田间，玉米收获后用机械粉碎秸秆。采用液压翻转犁将秸秆翻埋入土（动力在150马力以上，行驶速度应在6～10千米/小时及以上，翻耕深度30～35厘米），将秸秆深翻至20～30厘米土层，在翻埋后用重耙耙地，耙深16～18厘米，达到不漏耙、不拖堆、土壤细碎、地表平整达到待播状态，耙幅在4米宽的地表高低差小于3厘米，每平方米大于10厘米的土块不超过5个。

1LQTFZ-44型液压翻转犁（动力在150马力以上）

　　如作业后地表不能达到待播状态，要在春季播种前进行二次耙地。当土壤含水量在

22%~24%时，镇压强度为 300~400 克/厘米^2；当土壤含水量低于 22%时，镇压强度为 400~600 克/厘米^2。

液压翻转犁田间工作图及效果图

4.2 播种环节

4.2.1 春整地

在秋季秸秆深翻还田整地的前提下，采用圆盘轻耙压一体整地机进行整地，将中、小土块打碎，至待播状态。

4.2.2 播种

采用机械化平地播种方式，一次性完成施肥与播种等环节。当土壤 5 厘米处地温稳定通过 8℃、土壤耕层含水量在 20%左右时可抢墒播种，以确保全苗。出苗率应保证在 90%以上，播种深度 3~5 厘米，在机械精量播种的同时，进行机械深施肥，施肥深度在种床下 3~5 厘米，选择玉米专用肥。播后对苗带及时进行镇压。

补水播种，播种期内土壤水分低于 20%，可采用补水装置进行补水播种，播种时注意水流速度及水流方向，预防种子随水移动，造成种子堆积、断苗。

补水装置

4.2.3　播种密度

低肥力地块种植密度 5.5 万～6.0 万株/公顷，高肥力地块种植密度 6.0 万～7.0 万株/公顷。

4.2.4　品种选择

选择中晚熟品种，玉米株型为紧凑型或半紧凑型较为理想，株高为 2.5～2.8 米，穗位较低，抗倒防衰，适合机械收获的品种。

4.3　养分管理

4.3.1　施肥

根据土壤肥力和目标产量确定合理施肥量。肥料养分投入总量为 N 180～220 千克/公顷、P_2O_5 50～90 千克/公顷、K_2O 60～100 千克/公顷。氮肥 40％与全部磷、钾肥作底肥深施。

4.3.2　追肥

在封垄前，8～10 展叶期（拔节前）追施氮肥总量的 60％。

4.4　除草管理

视当季雨量选择苗前或苗后除草，若雨量充沛，应在降雨之后选择苗后除草；若雨量较小，选择苗前封闭除草。

4.5　病虫防治

4.5.1　玉米螟防治

于 7 月初释放赤眼蜂及新型白僵菌颗粒或粉剂，采用新型球孢白僵菌颗粒剂，应用无人机实施白僵菌颗粒剂田间高效投放技术，具有较好防治效果，防效达 70％以上。

无人机实施白僵菌颗粒剂田间高效投放技术

4.5.2　黏虫防治

按照药剂说明书使用剂量进行喷施丙环·嘧菌酯＋氯虫·噻虫嗪。

4.6　收获环节

使用玉米收割机适时晚收。玉米生理成熟后 7～15 天，籽粒含水率以 20%～25% 为最佳收获期，田间损失率≤5%，杂质率≤3%，破损率≤5%。

4.7　注意事项

（1）秸秆深翻还田应秋季收获后进行，避免春季动土散墒。

（2）秸秆深翻还田要抢在收获后、上冻前这一时间段，但同时要注意土壤水分，土壤水分过高时不宜进行秸秆翻埋，会造成土块过大、过黏，不宜于春季整地操作。

（3）秸秆深翻条件下，注意玉米生长期的杂草控制，杂草过多不利于玉米苗期生长，同时对玉米中后期病虫害影响带来风险。

5　已推广面积、具体区域、取得成效

该项技术 2019—2021 年在吉林省公主岭市、榆树市、松原市宁江区、农安县、伊通满族自治县等推广应用，累计推广应用 206 万亩。通该项技术的实施，对比传统耕作模式，土壤有机质增加 5%～10%，土壤容重降低 5.5%～8.7%，氮肥利用率平均提高 8%，生产效率提升 20%，节本增效 8% 以上。

6　典型案例材料

吉林省公主岭市属中温带湿润地区大陆性季风气候，无霜期 125～140 天，有效积温 2 600～3 000℃，总日照时数 1 220 小时左右。长期使用化肥导致土壤有机质数量减少、质量下降，有机质含量每年下降 0.085 克/千克，土壤容重增加 0.16 克/厘米^{3}左右，土壤孔隙减少且大小孔隙比例严重失调。该技术模式实施后，耕层深度由 15～20 厘米增加至 30～35 厘米，有效土量增加 1 倍左右，深翻还田能够实现全部秸秆深层还田，0～40 厘米有机质含量提高 18.6%，土壤结构明显改善，促进根系"纵向延伸"，玉米平均增产 7.5%，净增收 1 200 元/公顷左右。

7　效益分析

7.1　经济效益

经过多年试验结果表明，半湿润区玉米秸秆全量深翻还田地力保育技术模式较传统耕种模式增产幅度在 10% 以上，收益增加明显。秸秆深翻模式成本总计约 5 400 元/公顷，平均产量为 11 000 千克/公顷，纯收益约为 11 115 元/公顷；传统耕作模式农机耕作成本总计约 5 200 元/公顷，平均产量为 10 000 千克/公顷，纯收益约为 9 800 元/公顷，平均增收 1 315 元/公顷。

7.2　社会效益

秸秆深翻还田可以改善农村环境，节肥增效，增加农民收入，提高农业的综合收益，促进农业的可持续发展。作为秸秆综合利用中最便于实际操作、最利于增碳减排、最易于被农民接受的一种技术模式，该项技术将秸秆进行资源化可变废为宝。

7.3 生态效益

秸秆全量还田，一方面可以极大地减少秸秆焚烧、无序堆放等现象，同时可以减少有害气体的排放，对环境保护也具有重要的意义；另一方面可以有效地改良土壤，改善土壤的物理性状，增加土壤有机质，可以有效解决东北黑土因长期重用轻养而导致的土壤有机质衰减、耕层结构变差、肥力退化等问题。

（蔡红光　王立春　刘剑钊　任军　梁尧　袁静超）

东北黑土区大豆玉米轮作秸秆还田增碳培肥技术模式

1 解决的主要问题

针对内蒙古东部及东北黑土区域风水蚀严重、地力下降、作物产量不稳等突出问题，该技术通过标准化的秸秆处理、免耕保土、杂草综合防治和合理配方施肥等技术的合理应用，不仅能较好地防治土壤风蚀、抗旱保墒，还可提高播种、收获质量和作业效率，提高肥料利用效率，达到增产目的。

2 技术原理

该技术模式的核心要求是"多覆盖、少动土"，以农作物秸秆覆盖地表为前提，对农田实行免少耕播种，尽可能减少播种对土壤造成的扰动，进而减少土壤风蚀、水蚀，结合秸秆还田增碳，适年翻耕，改善耕层结构，提高土壤肥力和抗旱能力。

3 适用范围

内蒙古、黑龙江、吉林、辽宁等东北黑土区适宜进行玉米和大豆轮作的半干旱区域；其他北方适宜区可参照执行。

4 操作要点

第一年种植大豆，大豆收获后留茬 10 厘米左右，剩余秸秆全部粉碎还田；第二年免耕播种玉米，玉米收获后实行玉米秸秆全量粉碎均匀覆盖还田或部分秸秆粉碎均匀覆盖还田；第三年免耕播种大豆；第四年免耕播种玉米，玉米收获后秸秆全量粉碎深翻混土还田，翻耕后及时耙耢平整土地，起垄达到待播状态。也可根据当地生产实际情况在玉米收获后进行旋耕混土还田。具体田间步骤操作如下：

4.1 第一年玉米茬种植大豆

4.1.1 前茬玉米秸秆覆盖

玉米机械化收获时，秸秆覆盖量需根据土壤质量等级和生产需要合理确定。土壤侵蚀重的中低等级耕地（平均流失厚度在 3.7～5.9 毫米/年）需增加秸秆覆盖量，覆盖度≥60％，利于减少土壤风蚀水蚀、培肥地力；土壤侵蚀较轻（平均流失厚度＜0.15 毫米/年）的优良等级耕地可适当减少秸秆覆盖量，覆盖度≥30％，提高秸秆饲料化利用率，以利于有机肥配施，培肥地力，实施高产高效的栽培技术。

秸秆全量覆盖：风蚀大的地区，玉米收获时留茬 10 厘米以上，其余秸秆切碎（长度≤15 厘米）均匀抛撒覆盖于地表，也可于收获后将秸秆整秆留于地表越冬，实现防风固土；风蚀小的地区，留茬高度和秸秆长度可适当降低，便于还田和播种。播前地表秸秆覆盖率力争达到 60％以上。

秸秆部分覆盖：玉米机械化收获过程中留茬 25～40 厘米，剩余秸秆利用秸秆打捆机具或人工打捆移除或部分移除。播前地表秸秆覆盖率在 15％以上。

玉米秸秆全量覆盖情况

4.1.2 播前土壤与秸秆处理

原则上应直接机械化免耕播种，对于多年实施免耕秸秆覆盖量大、均匀度差、土地平整度低、播种难的地块，可通过耙、耢或二次粉碎还田等方式对秸秆进行处理，使秸秆均匀分布于地表，防止播种机拥堵，提高播种质量。对于地表不平整、影响播种质量的地块，结合秸秆处理，可通过耙、耱等措施适度平整土地，一般动土深度小于 8 厘米。秸秆处理和土壤平整后应及时播种，保证土壤墒情，提高出苗成苗率。

4.1.3 机械化免耕播种

（1）播种时间　在春季 10 厘米土层温度稳定通过 10℃以上时开始播种，一般播期为5 月中上旬。

（2）播种要求　要求大豆开沟器开沟深度在 5 厘米左右，覆土厚度在 3 厘米左右，保证播种深度控制在 3～4 厘米。种子一定要播到湿土上，各行播深要一致并落籽均匀。

（3）播种密度　大豆免耕播种量依据品种性状、土壤与气候条件和产量要求具体确定，一般亩播量为 4～6 千克，亩保苗 1.5 万～2.2 万株。

4.1.4 合理施肥

（1）种肥　大豆免耕播种时选用专用复合肥〔氮：磷：钾比例为（18～22）：（13～15）：（12～15）〕，每亩施复合肥 12～18 千克；选用磷酸二铵、尿素、硫酸钾肥时，每亩施磷酸二铵 10～12 千克、尿素 2～4 千克、硫酸钾 3～5 千克；施肥需侧位深施在种子侧下方 3～5 厘米处，施肥深度一致。

（2）追肥　如果大豆出现缺肥现象，可在大豆封垄前结合中耕除草每亩追施尿素 5～10 千克，也可在花荚期结合 0.2%～0.3% 磷酸二氢钾溶液进行叶面喷施。

大豆苗期深松防寒作业

4.1.5 机械收获

在大豆叶片全部落净、豆粒归圆时使用联合收获机进行及时收获，防止落粒。收获时，留茬高度为 10 厘米左右，其他秸秆粉碎均匀抛撒于地表，防止堆积影响后茬玉米播种和出苗。

大豆收获

4.2 第二年大豆茬种植玉米

4.2.1 播前土壤与秸秆处理

播种前地面要基本平整，如地表不平、覆盖严重不匀影响播种时，可选择圆盘耙先进行耙平，使地表平整、秸秆分布均匀，一般动土深度小于8厘米。

4.2.2 机械化免耕播种

（1）播种时期 当5～10厘米土层温度稳定通过8℃时，开始播种，一般播期为4月下旬至5月上旬。

（2）种植方式

①等行距垄作，等行距60～65厘米，在原垄上或垄侧躲茬免耕播种。垄沟内地温低，不适合免耕播种。②等行距平作，等行距60～65厘米，在上年两行中间免耕播种。适合在年积温2 300℃以上，且土壤较疏松、透气性强的地块。③宽窄行平作，一般窄行距40～50厘米，宽行距80～90厘米，具备滴灌条件的一般采取该种植方式。

（3）播种要求 一般玉米开沟器开沟深度控制在5～8厘米、播种深度控制在5厘米左右、覆土厚度控制在3～5厘米，种子要播在湿土上，各行播深要一致并落籽均匀。

玉米免耕播种

4.2.3 合理施肥

（1）种肥 结合目标产量和土壤状况进行测土配方施肥，肥料与种子分层施用。氮、磷、钾肥采用颗粒状单质肥或复合肥，根据不同等级农田地力情况和目标产量，推荐亩施肥量N 2.3～6.9千克、P_2O_5 4.6～9.2千克、K_2O 2.5～4.1千克。

（2）追肥 在拔节期时结合中耕除草培土，每亩追施尿素10～20千克。

4.2.4 苗期深松与中耕提温增蓄

（1）深松 一般在玉米4～5叶期进行行间深松、提升地温，松土深度20～25厘米。

（2）中耕 一般在玉米6～8叶期进行中耕培土，机械作业伤苗率应小于3%。

4.2.5 机械收获

在玉米进入完熟期,果穗下垂率低于15%、倒伏倒折率低于5%时,可进行机械收获。

4.3 第三年玉米茬种植大豆

大豆播种及田间管理同第一年。

4.4 第四年大豆茬种植玉米

播种与田间管理同第二年,玉米收获后秸秆全量粉碎深翻混土还田。

采用160马力以上拖拉机牵引五铧犁进行深翻作业,翻耕深度25厘米以上,将秸秆全部粉碎深翻混入5~20厘米土层中,然后重耙镇压平整土地。作业过程中要求不出堑沟,表面外漏秸秆较少。

4.5 注意事项

(1)本技术体系中秸秆全量覆盖不适宜在低洼易涝区进行,避免春季土地湿度过大播种难等问题。

(2)玉米收获秸秆全量还田不均匀时,可采用二次粉碎机进行处理,尽量将秸秆破碎至10厘米左右,保证秸秆深翻还田效果。

(3)秸秆深翻还田可在第2年或第4年秋季玉米收获时进行,不同生态类型区根据生产情况进行确定。

5 已推广面积、具体区域、取得成效

2006年以来,大豆玉米轮作秸秆还田增碳培肥技术已在大兴安岭南麓、松嫩平原等玉米、大豆主产区经过10余年试验示范,形成了成熟的技术模式与机具系统。并先后于2013年和2017年由内蒙古自治区质量技术监督局发布了《嫩江流域保护性耕作大豆田杂草控制技术规范》《大兴安岭南麓大豆保护性耕作丰产栽培技术规程》《内蒙古东部玉米保护性耕作节水丰产耕种技术规程》等3个地方标准。截至2022年,"大豆玉米轮作秸秆还田增碳培肥技术"在内蒙古呼伦贝尔市、兴安盟、赤峰市、通辽市等地区全面推广,并在黑龙江、吉林、辽宁等地示范应用,年度应用面积达670万亩以上。

6 典型案例材料

内蒙古东部及东北黑土区,属寒温带和中温带大陆性季风气候,大兴安岭山脊和沿麓气候差异明显。其特点是:冬季寒冷漫长,夏季温凉短促,春季干燥风大,秋季气温骤降、霜冻早,年平均气温-5~2℃。该区域实施大豆玉米轮作秸秆还田增碳培肥技术以来,解决了传统翻耕致使农田土壤裸露时间较长、风水蚀严重、地力下降、作物产量不稳等突出问题,同时通过技术的不断改进,进一步提高了秸秆覆盖条件下的免耕播种质量,解决了杂草危害重、作物产量不稳等技术瓶颈,减少土壤风蚀35%~70%,有机质含量增加显著,作物平均增产8%~12%,效益十分显著。

7 效益分析

7.1 经济效益

与常规翻耕种植技术相比，作物产量增产8%以上，每亩减少耕翻、整地、清理秸秆等作业成本40～60元，平均亩增收节支70～120元。

7.2 生态和社会效益

与常规翻耕种植技术相比，可减少土壤风蚀35%～70%，免耕地表留有大量根茬和秸秆，对土壤有明显的保护作用。减少地表水径流，土壤蓄水能力大大提高。土壤扰动小，减少了土壤水分蒸发，干旱明显的情况下，土壤湿度相对维持较好，起到良好的抗旱作用。该技术模式可减少肥料投入、降低生产成本，同时还降低了秸秆焚烧污染等，社会和生态效益十分显著。

（路战远　张向前　程玉臣　魏丹　张德健　乔志刚　张军政　陈立宇　王建国　吴雪琨　任永峰　赵小庆）

大兴安岭沿麓黑土地小麦油菜轮作秸秆还田增碳培肥技术模式

1 解决的主要问题

大兴安岭区域以坡耕地为主，土壤风蚀水蚀较重，加之有机物料投入少，且还田秸秆腐解缓慢，致使该区域黑土有机质含量下降、土壤水肥保持能力降低、地力严重下降，影响了作物产量的提升。如何提高土壤有机质含量，改善土壤物理性状，提升耕地地力，稳定作物产量，是进一步实现东北黑土地保护与利用亟待解决的问题。

2 技术原理

构建了小麦油菜轮作模式下秸秆还田配合3年免耕1年深翻耕作制度为核心的黑土农田增碳培肥技术体系。主要通过秸秆还田减少土壤裸露时间，降低土壤风水蚀，增加土壤有机物料输入，提高土壤有机质含量；通过隔年深翻促进秸秆腐熟，调节土壤上下层肥力水平，改善土壤物理结构，增强土壤水肥保持能力。

3 适用范围

适用于内蒙古、黑龙江、吉林等大兴安岭沿麓小麦、油菜主要种植区域，其他生态类型相似区域可参照执行。

4 操作要点

以4年为一个轮作和耕作周期。第一年种植小麦，小麦收获后留高茬（20～25厘米），秸秆量过大时可打包部分离田；第二年免耕播种油菜，油菜收获后秸秆粉碎全量还田；第三年小麦免耕播种；第四年免耕播种油菜，油菜收获后秸秆粉碎全量还田，可配合撒施微生物菌剂深翻混土还田。具体田间步骤操作如下：

4.1 第一年种植小麦

4.1.1 播种施肥管理

小麦采用传统播种，播种量17.5～20千克/亩，种肥施用磷酸二铵15～20千克/亩、尿素 3～5 千克/亩、硫酸钾 4～6 千克/亩、小麦拔节期追施尿素 10～15 千克/亩,其他田间管理同常规耕种。

小麦播种前处理

4.1.2 收获秸秆留高茬粉碎覆盖还田

秋季小麦采取分段收获或联合收获,小麦秸秆留茬 20 厘米左右,秸秆量大时可将部分秸秆打包离田,不进行耕作处理。

小麦机械化收获

4.2 第二年种植油菜

在第一年小麦秸秆覆盖基础上实施免耕播种。

4.2.1 播种施肥管理

油菜免耕播种时,若表土较干,宜采用深开沟浅覆土的方式确保种子播在湿土上,覆土厚度 1～2 厘米并均匀覆土镇压;播种量一般为 0.35～0.40 千克/亩,施用复合肥 15～

25 千克/亩，初花期喷施叶面肥，每亩喷施磷酸二氢钾 100 克＋硼 35 毫升＋植物营养素 50 毫升＋芸薹素内酯 15 克＋有机硅 2 克。

油菜免耕播种

4.2.2　油菜机械化收获

一般采取分段收获，适宜的割晒时期为全田叶片基本落光，植株主花序 70％以上变黄，籽粒呈该品种固有颜色，分枝角果 80％开始褪绿，主花序角果籽粒含水量为 35％左右。采用割晒机进行作业，割倒后摊铺，厚度为 25～35 厘米，宽度 1.5 米，在田间晾晒 7～10 天；当籽粒水分降至 20％以下时，用联合收割机进行拾禾脱粒收获。收获时留茬 15 厘米左右，秸秆粉碎并均匀抛撒覆盖于地表。

4.3　第三年种植小麦

小麦种植同第一年。

4.4　第四年种植油菜

播种与田间管理同第二年，收获后秸秆粉碎全量深翻还田，有条件地区可在秸秆粉碎后撒施促进腐解的微生物菌剂并深翻还田。

采用 160 马力以上拖拉机牵引五铧犁进行深翻作业，翻耕深度 25～30 厘米，将秸秆翻混于 5～30 厘米土层中。作业要求不出垡沟，表面外漏秸秆较少。

4.5　注意事项

（1）秸秆深翻还田作业宜在秋季进行，避免春季耕整地造成土壤跑墒。

（2）油菜收获后，如果秸秆粉碎或覆盖不均匀时，可进行二次粉碎处理，尽量将秸秆破碎至 10 厘米左右，保证秸秆深翻混土还田效果。

5　已推广面积、具体区域、取得成效

该项技术模式从 2006 年开始在呼伦贝尔大兴安岭沿麓的牙克石市、陈巴尔虎旗、海拉尔区等地推广应用，2006—2012 年 7 年间累计应用面积 430 万亩以上。2013 年以后应用面积进一步扩大，截至 2022 年大兴安岭沿麓黑土区年均应用面积达 460 万亩以上。该技术应用后，土壤有机质平均每年增加 2.1 克/千克，作物产量增加 8%～12%。

6　典型案例材料

内蒙古自治区大兴安岭西麓区域，年＞10℃有效积温为 2 200℃ 以下，属于高寒旱作区；土壤类型是典型的黑土、黑钙土等，属于黏壤土，土壤质地黏重，土体结构紧实，土壤中水分和热量传导慢。长期不合理的耕作限制了作物根系生长以及作物对土壤中的水分和养分吸收利用能力，加之水土流失严重，导致土壤质量下降，作物产量不稳。为了解决上述问题，内蒙古自治区农牧业科学院和内蒙古自治区农牧业机械技术推广站等单位于 2006 年开始在大兴安岭西麓地区应用该项技术构建肥沃耕层，即将作物秸秆进行深翻混土还田，打破犁底层，耕作层土壤有机质含量年增加 2.1 克/千克以上、储水量增加 9.3%～13.6%，小麦和油菜产量平均增加 8%。

7　效益分析

7.1　经济效益

该技术模式以 4 年为一个周期，第一年小麦收获后不进行耕作处理，第二年油菜收获后不进行耕作处理，第三年小麦收获后同第一年，第四年油菜收获后深翻或重耙，每亩可减少机械成本投入 20 元左右，作物种肥投入减少 10～15 元，亩平均增收效益 50～60 元。

7.2　生态效益

应用该技术模式后，提高了秸秆还田量，减少了土壤裸露程度，增加了有机物料投入，提升了有机质含量，改善了耕层结构，土壤蓄墒保水能力明显提升，作物产量稳定且有所提升。该技术模式可有效利用秸秆，促进秸秆有效转化，减少了秸秆焚烧所带来的污染，净化了环境。

7.3　社会效益

该技术模式的连续推广应用，可减少肥料施用量，提高肥料利用效率，降低农机投入成本，实现农民和新型经营主体的节本增效增收。该项技术模式的实施可进一步推动大兴安岭沿麓高寒旱作区黑土地的保护与利用工作，增强各级管理部门、基层农技推广人员、农民、种植大户、合作社等新型农业经营主体对黑土地的保护意识，促进黑土地的可持续利用。

（路战远　张向前　程玉臣　魏丹　张德健　乔志刚　张军政　陈立宇　王建国　吴雪琨　任永峰　赵小庆）

吉林省玉米秸秆条带覆盖还田地力保育技术模式

1 解决的主要问题

吉林省中西部地区以玉米连作种植方式为主，长期过度耕作与有机物料投入不足导致该区域黑土地土壤有机质含量下降、耕层结构不良、土壤风蚀严重，加之区域春季干旱频发，造成玉米增产难、稳产难、区域生态环境恶化。因此，该区域黑土地保护与利用的关键问题是提升土壤有机质、改良土壤结构、减少风蚀、提高玉米综合产能。玉米秸秆条带覆盖还田技术模式有效改善了土壤质量退化问题，同时改变了传统秸秆全量均匀覆盖技术造成的地温低、播种难、出苗差、产量低等一系列问题。

2 技术原理

技术途径：通过玉米秸秆全量覆盖增加有机物质投入、提高土壤水分的保持、减少风蚀的发生；苗带秸秆归行保证了春季播种带地表无遮挡、地温得以有效回升；宽窄行交替种植做到了土壤的用养结合；深松作业能够改善土壤结构，通过土壤水、肥、气、热特征的综合优化，实现土壤质量的提升。以玉米秸秆条带覆盖还田技术为核心，优化集成养分调控、病虫草害防控等技术，构建了玉米秸秆条带覆盖还田保墒增温技术模式，实现了土壤质量与粮食产能的协同提升。

3 适用范围

地势平坦、适宜机械作业的吉林省中西部地区，主要包括中部梨树、四平、农安，西部白城、乾安等地。

4 操作要点

4.1 秸秆覆盖

机械收获的同时将秸秆粉碎，并抛撒于地表，留茬平均高度15厘米，秸秆粉碎长度≤20厘米，秸秆粉碎后应抛撒均匀，无明显堆积，无明显漏切。

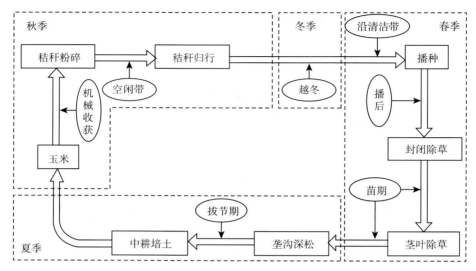

秸秆条带覆盖还田技术流程

4.2 秸秆归行

采用专用的小型秸秆归行机械对下茬玉米播种行上覆盖的秸秆向两侧休闲行进行分离处理，清理出地表裸露的待播种带（行），播种带宽度为 40～50 厘米，休闲带宽度为 80～90 厘米。配套动力为 25～55 马力拖拉机。

4.3 宽窄行交替平播种植

年际间进行宽窄行交替平播种植，采用免耕播种机一次性完成播种、施肥、覆土等环节，播后及时重镇压。

4.4 品种选择

要选用增产潜力大、根系发达、抗逆性强、适于密植的中晚熟品种。

4.5 播种时间

春季（4 月 20 日至 5 月 5 日），耕层 5 厘米深的土壤温度稳定通过 10℃即可播种。

4.6 种植密度

采用免耕播种机精量播种，播种量按计划保苗株数增加 10%，播种并镇压后覆土厚度为 2～3 厘米，保苗率为 5.5 万～6.5 万株/公顷。播种机动力要求：双行播种机 35～55 马力，四行播种机 120～180 马力。

4.7 苗期深松

在玉米拔节前，采用偏柱式深松追肥机对休闲行进行深松，并将化肥追施于苗侧，深松宽度 40～50 厘米、深度 30～35 厘米。深松机动力要求为 120～180 马力。

1S-220 型偏柱式深松机（动力要求：120 马力以上）

4.8 化学除草

选用广谱性、低毒、残效期短、效果好的除草剂。一般用阿乙合剂，即每公顷用 40％的阿特拉津胶悬剂 3～3.5 千克加乙草胺 2 千克，兑水 500 千克喷施，进行全封闭除草。

4.9 主要病虫害防治

依照当地植保部门监测预报或灾害发生情况确定，病虫害防治在发生初期进行；选用高效、低毒、低残留的农药，按照药品的使用说明书使用，采用机械化喷洒液体药剂。

4.10 收获

选用玉米联合收获机，进行玉米果穗直接收获或籽粒直收获；果穗直收要求玉米籽粒含水率＜35％、果穗下垂率＜15％、茎秆含水率＜70％、植株倒伏率＜5％；机械化籽粒直收要求玉米籽粒含水率＜25％。

秸秆归行照片　　　　　　　　　　播种照片

田间照片

5 已推广面积、具体区域、取得成效

该项技术从 2011 年开始在吉林省农业科学院公主岭院区秸秆还田综合实验平台（市）开展定位试验，2013 年开始在吉林省农安县、梨树县、东辽县和乾安县、松原市宁江区等 5 个县（市）推广应用，2013—2017 年间累计应用面积 523 万亩。2018 年开始大面积应用，主要示范推广区域为吉林省中西部半干旱地区。2018—2021 年在吉林省中东部地区累计应用面积 1 969 万亩。

6 典型案例材料

为在较大尺度上解析吉林省玉米秸秆条带覆盖还田技术模式的产量表现和水肥资源利用效率。2018—2019 年，在吉林中部的农安、梨树和吉林西部的白城、双辽等地区 14 个规模经营主体开展技术模式实证。在中部地区，与农民习惯对比，以农安县增产幅度最大，两年增产分别为 6.43% 和 5.24%，梨树县示范区与农民习惯产量基本持平，表明该技术模式在以沙壤土质为主的农安县增产潜力较大；而在以黑土、黑钙土肥力较高的梨树县该技术模式在降雨充足的情况下，增产潜力不高，但节肥效果明显。在西部地区，与农民习惯对比，示范区增产幅度白城略高于双辽，两年分别达到 3.71% 和 5.57%，双辽增产幅度为 2.35% 和 3.09%。表明该技术模式在较为干旱、土壤肥力较低的西部地区，对增产有一定作用，同时可减少土壤风蚀。

7 效益分析

7.1 经济效益

通过对规模经营主体及普通农户田间生产作业跟踪调研，结果表明，与普通农户相比，规模经营主体农资采用集中采购，且施肥量进行合理调控，成本下降约 1 000 元/公顷，田间作业成本减少 800 元/公顷左右，其减少部分主要来自机械收获和耕整地两部分，秸秆条带覆盖还田主要农机操作为秸秆归行，省去机械灭茬起垄等传统作业流程。与普通农户比较，将土地流转费用项去除后，中部地区净利润相差 3 000~4 000 元/公顷，较普通农户增收 23% 左右。西部地区净利润相差 2 600~3 700 元/公顷，较普通农户增收 26% 左右。

综合来看，采用该技术模式的经营主体和普通农户比较，因机械作业规模化和整地技术调整是降低农机成本的主要因素，肥料合理减施和生产资料集中化采购是农资成本下降的主要因素，政策性补贴额外增加部分收益，最终表现为收益的大幅提升。

不同技术模式成本核算（元/公顷）

项目	中部		西部	
	规模经营主体	普通农户	规模经营主体	普通农户
一、机械作业				
施肥、播种	500~600	600~800	400~500	500~600
除草	50~80	150~200	50~80	150~200
病虫害防治	100~160	200	100~160	200
机械收获	350~500	700~800	400~500	600~800
秸秆覆盖还田	200~300	—	200~300	—
其他耕、整地	—	500~800	—	400~600
合计	1 200~1 640	2 150~2 800	1 150~1 540	1 850~2 400
二、农资投入				
化肥	2 400~3 000	2 700~3 400	2 000~2 600	2 200~3 000
种子	500~700	700~900	500~700	800~900
农药	200~300	150~250	200~300	150~250
雇工	150~250	600~800	200~300	800~1 000
合计	3 250~4 250	4 150~5 350	2 900~3 900	3 950~5 150
三、土地流转	7 000~8 000	—	5 500~6 000	
四、项目补贴				
秸秆还田作业补贴	450~600	—	450~600	
其他农业补贴	2 500~3 000	2 500~3 000	2 200~2 450	2 200~2 450
合计	2 950~3 600	2 500~3 000	2 650~3 050	2 200~2 450
五、玉米平均单产	11 199~11 749	10 532~11 263	8 305~10 359	8 114~9 825
六、净利润	9 218~13 298	13 307~16 973	6 159~12 146	9 255~14 335

注：雇工包含家庭用工，玉米价格按 0.9 元/千克计，此表中未考虑购买农机及其折旧部分。

7.2 社会效益

秸秆还田可以改善农村环境，增加农民收入，提高农业的综合收益，促进农业的可持续发展。通过实施秸秆还田，增加土地有机质含量，持续提升土壤肥力，遏制土地退化和肥力下降，实现土地用养结合和农田持续利用。

7.3　生态效益

与普通农户模式相比较，示范区 0～20 厘米土壤有机质、全氮、速效氮、有效磷、速效钾平均含量分别增加 24.0%、21.8%、10.2%、5.2%、12.3%，除有效磷含量以外，其他均达到显著水平。土壤容重亦有降幅，但幅度不大；土壤含水量平均增加 30.1%，耕层保水蓄水效果明显。此外，不同土壤层次其土壤肥力指标改善程度有所不同，0～5 厘米土壤有机质及氮、磷、钾等养分增加幅度最大，最高达 33.3%；随着土壤深度的增加，各指标增加幅度逐渐下降，至 10～20 厘米土壤有机质及养分平均增幅达到 10.5%。

（蔡红光　王立春　郑金玉　刘剑钊　梁尧　袁静超）

北方地力提升技术模式

设施农业土壤障碍治理修复技术模式

1 解决的主要问题

由于蔬菜设施栽培的封闭性特点以及设施生产专业化、规模化、产业化的发展趋势，连年种植蔬菜导致土壤连作障碍。现阶段设施蔬菜土壤连作障碍治理手段，存在着使用大型机械设备、耗费大量人力物力、成本高等特点。环渤海区域是我国设施蔬菜重点发展的区域之一，设施蔬菜面积占全国设施蔬菜面积的 57.2%，是国家重要的"菜篮子"，为保障国家蔬菜供给发挥重要作用。环渤海区域设施蔬菜土壤连作现象严重，出现了以次生盐渍化为主的障碍问题，导致设施蔬菜土壤质量下降，影响了蔬菜综合生产能力的提升和绿色可持续发展。有机无机肥料配合使用（化肥减量），这种施肥方式既能够减少耕层无机氮积累，提高蔬菜品质，还能调控植株生长，增强植物的抗逆性。进行精准改良和修复是解决设施障碍土壤的关键。

2 技术原理

在环渤海地区通过定位联网试验，以番茄—黄瓜轮作试验田为研究对象，探明了环渤海设施蔬菜连作障碍状况及养分特征，明确了次生盐渍化障碍的发生机理，定量表征了北京、天津、河北、沈阳、山东各地的障碍土壤特征。

以盐渍化程度的不同进行分类归纳，对环渤海 5 个定位点分为轻、中和重度进行针对性判别消减。针对环渤海区域设施蔬菜轻、中、重度障碍土壤不同情况，设计不同施肥方式。轻度障碍采用土壤调理，合理施肥；中度障碍土壤采用耕翻＋调理改良＋养分管理；重度障碍土壤采用人工基质栽培等措施。判别标准：土壤水溶性盐（克/千克）：轻度 2~5；中度 5~7；重度 7~10；盐土 10 以上。估算的 EC 值（毫西/厘米）：轻度 0.5~1.5；中度 1.5~2.2；重度 2.2~3.2；盐土大约 3.2。该模式的应用有效调控设施土壤理化及微生物群落特征，消除土壤障碍层，使土壤耕层增厚，根区盐分浓度降低并逐步排出土体，在消减盐渍障碍的同时对促进土壤—蔬菜系统健康发展有着很好的潜力。

3 适用范围

环渤海地区（京津冀及山东和辽宁）设施土壤分布区域。

4 操作要点

环渤海障碍土壤修复关键技术及模式研发、基质配比的研发以及环渤海定位联网建立，是以环渤海定位联网试验（辽宁、山东、河北、天津和北京）蔬菜连作障碍及农田调研和土壤样品采集、化验分析为基础，主要是以研发环渤海轻、中和重度障碍土壤修复关键技术及模式设计为主。

4.1 轻度连作障碍土壤生态功能的维持模式

4.1.1 设施蔬菜有机物料量化与化肥精施障碍土壤改良技术模式

4.1.1.1 轮作制度

冬春茬黄瓜、秋冬茬番茄（避免连作的代表性的种植模式）。选择本地区推广种植面积大的品种。秋冬茬番茄（温室番茄产量 8 吨/亩）施用 N 25 千克/亩、P_2O_5 10 千克/亩和 K_2O 35 千克/亩；冬春茬黄瓜（温室黄瓜产量 10 吨/亩）施用 N 30 千克/亩、P_2O_5 15 千克/亩和 K_2O 30 千克/亩。全部有机肥和部分化肥基施，剩余的化肥作追肥施用。在设施蔬菜定植前，各处理有机肥、20%氮肥、60%磷肥、40%钾肥均匀撒施翻地。黄瓜分 8～10 次追肥，番茄分 3 次追肥。

4.1.1.2 技术要点

将设施蔬菜生产中所用的畜禽粪便发酵有机肥、商品有机肥或堆肥等有机物料所带入的氮量或磷量作为量化推荐有机物料施用的指标，采用"有机无机养分总量控制、有机无机养分平衡配施、化肥精量化调控"的方法，形成了设施蔬菜有机物料减量化与化肥精施技术，推荐施肥总量依据作物目标产量、养分吸收量、土壤肥力状况和灌溉模式确定，追肥氮磷钾量、追肥时期和氮磷钾养分配比依据作物氮磷钾养分吸收最大期和养分利用关键期调整。

4.2 中度盐渍化土壤减肥降盐障碍消减技术模式

4.2.1 秸秆原位还田/连续施用酵素障碍消减技术模式（中度障碍）

4.2.1.1 轮作制度

基于设施大棚番茄—黄瓜体系下的轮作制度，同 4.1.1.1。

4.2.1.2 技术要点

（1）选择晴天进行蔬菜拉秧，高秆和藤蔓性蔬菜解下吊秧绳或架扶物并妥善盘拢和移除，揭除地膜，叶菜类和塌地性蔬菜直接进入下一步。

（2）利用秸秆粉碎机械将蔬菜秸秆藤蔓就地粉碎还田。

（3）将备用的有机肥均匀地撒于粉碎的秸秆上。

（4）将专用的复合微生物菌剂撒施于粉碎的秸秆和粪肥上，用旋耕机翻耕 20 厘米并混合均匀。

（5）整平土地，灌足水分，密闭大棚所有通风口进行高温发酵 15～20 天。

（6）待棚内地表零星干燥缺墒时要进行第二次灌水或者在第一遍灌水时覆盖地膜。

（7）发酵结束后，通风排湿，整地做垄，种植蔬菜。

4.2.2 设施土壤"深开沟—秸秆深还"培肥技术模式（中度）

4.2.2.1 轮作制度

基于设施大棚番茄—黄瓜体系下的轮作制度，同 4.1.1.1。

4.2.2.2 技术要点

（1）深开沟　深沟规格深 30 厘米、宽 30 厘米。

（2）秸秆深还　玉米秸秆粉碎成 4～6 厘米，用量为 45～60 吨/公顷分两次或三次平铺在沟槽内，每铺一层，要均匀撒施自市面购得的用于分解秸秆的菌制剂，踏实，在此过程中可以添加适量的表层土壤，菌制剂可以与土壤混匀、也可与麦麸等混匀后撒入，撒入后使菌制剂尽可能与秸秆相接触，其用量可以按照商品菌制剂说明书中的要求确定。

（3）施肥　调节 C/N，均匀撒施磷酸二铵 35 千克/亩、尿素 10 千克/亩。

（4）覆土、起垄　在平铺的秸秆层上覆土 20 厘米左右，起垄。

（5）水分管理　起垄后灌水，使土壤含水量维持在田间持水量的 70%～80% 为宜。

（6）施肥管理　生育期内根据作物长势追施化肥 1～2 次，每次追施磷酸二铵（N18%、P_2O_5 46%）20 千克/亩、硫酸钾（K_2O 50%）10 千克/亩。

4.3 重度盐渍化土壤槽式基质障碍消减技术模式

4.3.1 基于设施大棚番茄—黄瓜体系下的轮作制度，同 4.1.1.1

4.3.2 技术要点

利用改良小高畦形制，采用"开袋式基质栽培"，用两片黑白膜包围，底部留 10～15 厘米宽的缝隙，上铺无纺布，起透水、透气、隔根的作用。基质上单行种植，并设双行滴灌带，隔株"V"形吊蔓。定植好后，黑白膜从上部合拢，中缝用嫁接夹夹住。实施方案如下图所示：

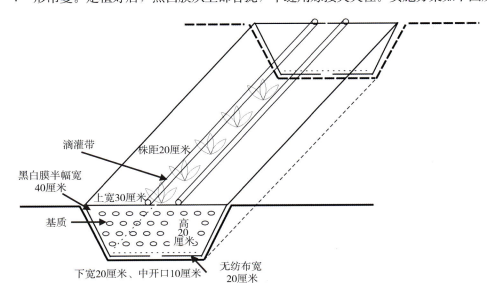

材料准备：黑白膜，包基质用，宽 45 厘米、长 36 米，按 2 片/畦准备；盖过道用黑地布，宽 1.2 米、长 36 米，按 1 片/畦准备；40 克无纺布，宽 30 厘米、长 36 米，按 1 片/畦准备，嫁接夹按 1 只/株苗准备。以上材料根据温室的种植畦数准备。基质 40～50 米³/温室，以商品基质为佳。施工操作：温室内按 1.5 米的间距开挖小沟，沟深 20～25 厘米，下底宽 25 厘米，上口宽 30 厘米，把 2 片包基质用黑白膜黑膜向上平铺在栽培畦内，两膜中间留 10 厘米间隔，再以中部间隔为中心将无纺布平铺在畦底，铺好后将基质填入栽培畦内。基质平理整齐后，安装两条滴灌带，浇透水后在畦中部按 20 厘米的株距定植番茄苗，定植好成活后，把包基质用黑白膜从上部合拢，中缝用嫁接夹夹住。

5 已推广面积、具体区域、取得成效

本研究在环渤海区域辽宁、山东、河北、天津和北京开展试验技术模式集成，具体在北京房山和海淀、河北赵县、山东寿光、辽宁沈阳和天津武清进行了推广，具体为番茄和黄瓜轮作体系，取得了良好的经济、社会和生态效益。应用智慧农业手段实现调查和诊断，进行管理，为保障设施土壤健康提供技术模式。

推广区域情况列表

地点	面积（亩）	增产（%）	增效（元/公顷）
辽宁沈阳	500	15 以上	28 000
山东潍坊	1 000	10 以上	12 000
河北赵县	350	6.0～10.8	9 000～12 000
北京房山	200	2.64	3 500
天津武清	2 000	16～23	29 200～36 200

6 典型案例材料

2020 年，北京市房山区骧驸马庄弘科农场内设施大棚（北纬 $39°30'$—$39°55'$，东经 $115°25'$—$116°15'$）设置了障碍消减试验（番茄—黄瓜轮作试验），基地属于温带大陆性气候，土壤类型为褐土，前茬作物为黄瓜，土壤为中度盐渍化，即采用不施肥（CK）、有机肥（M）、化肥（NPK）、化肥减量 50％配施有机肥（1/2NPK＋1/2M）等 7 个处理，研究蔬菜生长状况、产量、品质指标以及土壤养分、土壤酶活性和细菌微生物群落多样性；化肥减量 50％配施有机肥可有效提高番茄—黄瓜产量，其中 1/2NPK＋1/2M 番茄增产效果最明显；黄瓜产量相对稳定。同时，1/2NPK＋1/2M 处理番茄、黄瓜生长指标（株高、茎粗、叶绿素）相比 NPK 均为最高；有机无机肥配施可有效改善作物品质，1/2NPK＋1/2M 处理条件下，与 NPK 相比，番茄可溶性糖、维生素 C 以及糖酸比以及黄瓜可溶性固形物、可溶性蛋白和维生素 C 均显著增加，番茄—黄瓜可滴定酸和硝酸盐均显著降低。化肥减量 50％配施有机肥有助于提高土壤养分，维持酸碱平衡，可为当地设施蔬菜科学高产施肥模式提供理论依据。

7 效益分析

7.1 经济效益

以北京番茄—黄瓜轮作为一个周期，每公顷效益增加 1 493 元。

各施肥处理在秋冬茬番茄产量上与 CK 均产生显著差异（$P<0.05$），其中有机无机肥配施对秋冬茬番茄产量增产效果最好，即各处理中 1/2NPK＋1/2M 处理产量最高，为 55 278.27 千克/公顷，相比 CK 增产 19.54%；其次是 NPK 处理，产量为 53 771.96 千克/公顷，相比 CK 增产 16.28%。各施肥处理冬春茬黄瓜产量相比 CK 均无显著差异，其中，NPK 处理产量最佳，为 112 288.19 千克/公顷，相比 CK 增产 23.65%；其次是 1/2NPK＋1/2M 处理，为 106 458.42 千克/公顷，相比 CK 增产 17.23%。

7.2 社会效益

针对环渤海设施土壤连作障碍问题建立的 5 个定位联网试验基地，引领了设施盐渍化障碍消减技术和蔬菜生产。通过轻度障碍采用合理施肥，中度障碍土壤采用耕翻—调理改良＋养分管理，重度障碍土壤采用人工基质栽培等措施的实施，番茄单产提高 10% 以上，实现了资源化利用，减少了化肥的使用，为农业可持续发展提供了技术保障，为设施土壤可持续利用提供技术支撑，实现了蔬菜减肥增产增效。

（魏丹 丁建莉 金梁 王磊 李艳 李硕 胡钰 左强 张敬敏 邹洪涛 张国刚 王丽英 等）

山西黄土高原半湿润区
轮作绿肥提升土壤质量技术模式

1 解决的主要问题

　　山西省东南部、中部地区属于黄土高原半湿润区，主要包括运城、临汾、长治、晋中、太原等地市的大部分地区。黄土高原半湿润农作区受水热条件限制，多为一年一季有余、两季不足的耕作类型，存在裸地休闲期，且主要作物均存在连作障碍。如何提高复种指数，充分利用雨、热资源，缓解作物连作障碍成为亟待解决的问题。

　　另外，黄土高原半湿润区多为丘陵沟壑区，是中国甚至世界上水土流失最严重、生态环境最敏感的地区。如何在保证作物产量的同时提升土壤质量，增加地表覆盖，缓解水土流失是又一重大难题。

2 技术原理

　　主要技术路径：通过休闲期轮作绿肥，增加地表覆盖，减少土壤水分蒸发；提高复种指数，缓解作物连作障碍，降低土传病害影响；通过翻压绿肥，增加土壤有机质和速效养分含量，改善土壤物理性质。

　　豆科绿肥通过共生固氮作用，减少氮肥的施用；十字花科绿肥通过硫苷抑制土传病害，通过解磷作用提高土壤速效养分；绿肥作物根系及其分泌物能够促进土壤中大团聚体的形成，进一步改善土壤结构，调控土壤的物理化学性质，促进土壤微生物的活动，提高土壤肥力，改善土壤质量。

3 适用范围

　　山西省黄土高原半湿润区，主要包括运城、临汾、长治、晋中、太原等地市一年一季有余、两季不足地区。土壤类型为石灰性褐土。

　　适用于谷子、冬小麦等粮食作物。

4 操作要点

　　绿肥与其他作物一年两作，以半湿润区种植较广的谷子和小麦为例。

4.1　谷子轮作模式

谷子采用两种轮作模式：谷子—绿肥—谷子轮作模式和谷子—休闲→鲜食三米—绿肥→谷子轮作模式。

4.1.1　谷子—绿肥—谷子轮作

每年 6—9 月为谷子生长期。8 月中下旬谷子接近成熟时套种越冬绿肥，绿肥于 9 月初进入生长期，冰霜期后绿肥地上部枯萎，覆盖地表，保温保水，翌年地温升高绿肥返青继续生长，于 5 月上中旬将绿肥翻压还田，约 15 日后播种谷子。

具体田间操作步骤如下：

（1）绿肥种植及翻压　绿肥选择冬油菜、二月兰等春季早发、生物量大的绿肥品种，利用无人机撒播，播量 1.5～2.0 千克/亩。

绿肥作物在盛花期用绿肥还田旋耕一体机，将绿肥植株粉碎至 5 厘米以下，均匀翻压至土壤 0～20 厘米耕层。

无人机播种绿肥

绿肥还田旋耕一体机

（2）谷子种植及收获　5月中下旬采用膜下滴灌技术播种谷子。施肥及田间管理与常规耕种方式相同。

谷子膜下滴灌技术

4.1.2　谷子—休闲→鲜食玉米—绿肥→谷子轮作

当年种植谷子，收获后休闲，第二年4月中旬覆膜播种鲜食玉米，7月底玉米收获后种植绿肥；第三年5月上中旬翻压绿肥，15日后膜下滴灌播种谷子；以两年为一个轮作周期。

（1）绿肥种植及翻压　绿肥采用油菜（十字花科）、二月兰（十字花科）、毛叶苕子（豆科）和草木樨（豆科）等早生快发、生物量较大的品种，十字花科绿肥与豆科绿肥隔行混播，利用单独调整播量式播种机进行播种。

绿肥作物田间管理，翻压等同4.1.1（1）。

单独调整播量式播种机

十字花科绿肥与豆科绿肥隔行混播

（2）谷子种植及收获　等同于 4.1.1（2）。

4.1.3　玉米种植及收获

玉米种植、田间管理及收获等过程与常规方式相同。

4.2　小麦—绿肥—小麦轮作

每年 9 月下旬至翌年 6 月为小麦生长期。6 月中上旬小麦收获后抢墒复种绿肥作物，生长期 80 天左右，8 月底将绿肥新鲜植株翻压还田，9 月下旬播种冬小麦。

具体操作要点如下：

4.2.1　绿肥种植及翻压

绿肥作物选择适宜夏季生长、生物量大的品种，油菜（十字花科）、毛叶苕子（豆科）、汾豆牧绿 2 号（豆科）等。采用十字花科绿肥与豆科绿肥隔行混播模式，利用单独调整播量式播种机播种，等同于 4.1.2（1）。

绿肥作物田间管理，翻压等同 4.1.1（1）。

4.2.2　小麦种植及收获

翻压绿肥后种植小麦施肥量较常规施用量减少 15%，小麦播种、田间管理等与常规耕种方式相同。

5　已推广面积、具体区域、取得成效

2017—2018 年在沁县、乡宁、霍州开展试验示范，2019 年起在适宜区域推广应用，累计应用面积 3 万余亩。通过该项技术实施，向土壤中输入清洁有机肥源，以绿肥鲜草产量换算，相当于每年施入尿素 240～270 千克/公顷、过磷酸钙 270～330 千克/公顷和氯化钾 140～150 千克/公顷，土壤有机质年均增加 0.56 克/千克，作物产量增加

10%以上。

6 典型案例材料

山西省沁县属于黄土高原半湿润区，海拔 1 000 米以上，年平均气温 8.9℃，四季分明，昼夜温差大（相差 15～20℃），无霜期 165 天。沁县土壤为特殊红黏土，富含钙、铁、磷、锰、硒等多种营养元素。年日照 2 500～2 600 小时，光照充足，年平均降水 600 毫米左右，雨量适中，全境无污染，无过境水，大气质量优良。特殊的气候地理条件孕育了形体金黄、味道香美、营养丰富的"沁州黄"小米。然而谷子种植过程中存在连作障碍，会导致产量下降、病虫害增加、品质下降等。为了解决这一问题，沁县谷子种植户不断探寻轮作种植模式，2017 年开始将绿肥作物引入轮作模式，最终形成绿肥—谷子轮作技术和谷子—休闲→鲜食玉米—绿肥→谷子轮作技术。应用该项技术后，谷子产量增加 13%，土壤有机质增加 2.84 克/千克，小米品质更佳。

7 效益分析

7.1 经济效益

7.1.1 绿肥—谷子轮作种植效益分析

绿肥—谷子轮作模式以 1 年为一个轮作周期，由于轮作倒茬，翌年仍可种植谷子，缩短了谷子的轮作周期，每亩收入增加 364 元。

绿肥—谷子轮作种植技术效益分析

作物		成本增减（元/亩）	效益增减（元/亩）	增收（元/亩）
谷子	传统模式	0	0	0
	该模式	0	428	428
绿肥作物	传统模式	0	0	0
	该模式	64	0	—64
谷子-绿肥轮作总增收（元/亩）			364	

注：成本增减是指种子、化肥、人工机械等成本。

7.1.2 绿肥—小麦轮作种植效益分析

绿肥—小麦轮作以 1 年为一个轮作周期，每亩增加收入 180 元。

绿肥—小麦轮作种植技术效益分析

作物		成本增减（元/亩）	效益增减（元/亩）	增收（元/亩）
谷子	传统模式	0	0	0
	该模式	0	260	260

(续)

作物		成本增减 （元/亩）	效益增减 （元/亩）	增收 （元/亩）
绿肥作物	传统模式	0	0	0
	该模式	80	0	−80
谷子—绿肥轮作总增收（元/亩）		180		

注：成本增减是指种子、化肥、人工机械等成本。

7.2 生态和社会效益

黄土高原半湿润区谷子、小麦等作物与豆科、十字花科绿肥作物轮作，可提高后茬主栽作物水肥利用率，克服连作障碍，增产 10%～15%；更为重要的是在热量及水分十分有限的山西省提高复种指数，在不与原有主栽作物争地的情况下，充分利用当地的雨、热资源，增加地面覆盖，土壤有机质含量年均提高 0.56 克/千克，土壤容重年均下降 0.015 克/厘米^3，改良土壤结构，显著提高耕层的微生物活性，减轻耕地水土流失，保护脆弱的生态环境，增加农民收入，促进农村社会发展。

（程永钢　孙崇凤　郑普山　金辉　姜洪进　王玉）

黄土高原旱作农田
耕地质量提升技术模式

1　解决的主要问题

　　黄土高原地貌类型主要有塬坪地、丘陵地、沟谷川台地等，旱作农田占全区耕地的90％以上，作物需水来源主要是天然降水，而黄土高原年降水变率大，特别是春旱频繁，同时复杂多样的地貌类型农田土壤水分时空分布特征存在着明显差异。沟谷川台地地势平坦，农田土壤水经常会有相邻地表径流补充及浅层地下水补给，土壤水分充裕但春季耕层土壤高湿低温；黄土塬坪地地势较平坦且土层深厚，农田土壤水来源主要是降水入渗，土壤水分比较充裕但春旱频繁；黄土丘陵地坡陡地碎，水土流失严重，农田土壤水肥俱缺。因此，需要依据黄土高原不同地貌类型旱作农田土壤水分特征，合理指导农作物秸秆和畜禽粪肥还田，通过有机物料投入，提高土壤有机质含量，改善土壤物理性质，增强土壤持水保肥能力，提升耕地质量和作物生产潜力。

2　技术原理

　　该模式构建了旱地春玉米种植中以玉米秸秆适水还田及畜禽粪肥配合推荐化肥施用为核心的黄土高原旱作农田耕地质量提升的技术体系，包括沟川坝地春玉米秸秆全量还田秋施肥技术模式、塬坪旱地玉米秸秆冬春覆盖还田深施肥技术模式、梁坡旱地玉米高根茬还田侧深施肥技术模式等三个类型。模式一：针对沟谷川台地水肥充裕而春季耕层土壤冷湿问题，以"结合施用玉米专用缓释肥、秋季秸秆全量还田深耕翻、春季浅旋耕"等技术核心，集成沟川坝地玉米秸秆全量还田秋施肥技术。模式二：针对黄土塬坪地春旱频繁和耕作失墒问题，"秋雨春用、春旱秋抗"的蓄水保墒耕作法，以"秋季秸秆粉碎冬春覆盖保墒、春播前撒肥深耕旋耕镇压播种一次性作业"等技术核心，集成塬坪旱地玉米秸秆冬春覆盖还田深施肥技术。模式三：针对黄土丘陵地水土流失严重、农田土壤水肥俱缺问题，降水就地拦蓄入渗，以"增加地表秸秆覆盖、减少土壤扰动"的少免耕技术为核心，集成梁坡旱地玉米轮耕及少免耕秸秆还田深施肥技术。

3 适用范围

黄土高原的半湿润偏旱区及半干旱区，年降水量在 400～650 毫米，黄土质及黄土状母质的褐土、黄绵土、黑垆土、潮土、栗褐土等土壤，沟川坝地、塬坪旱地、梁坡旱地等主要地貌类型农田。

4 操作要点

4.1 沟川坝地春玉米秸秆全量还田秋施肥技术模式

4.1.1 作业流程

秋季秸秆处理—配方肥料准备及撒施—冬前深耕整地—春播前肥料准备—浅旋耕施肥镇压—播种。

4.1.2 技术要点

（1）地块选择 选择前茬种植玉米的沟川坝地，土体厚度在 1 米以上，非沙质土壤，作业前耕层土壤相对含水量≥60％，其他产地环境技术条件符合 NY/T 849 规定。

玉米收获及秸秆粉碎处理

肥料准备及秋季抛撒

秋季秸秆还田深施肥及播前整地

（2）田间秸秆处理　采用玉米收获机收获时，田间秸秆全部粉碎，留茬高度≤11厘米、秸秆粉碎长度≤10厘米、合格率≥85%；采用人工收获玉米果穗后，田间秸秆可用锤片式秸秆粉碎机粉碎，留茬高度≤8厘米、秸秆粉碎长度≤10厘米、合格率≥85%。

（3）确定施肥量　按照沟川坝旱地地力等级与玉米目标产量水平，确定氮、磷、钾化肥的推荐施用量。微量元素肥料应做到因缺补缺、合理施用。建议每亩施用2米³腐熟有机肥，可以适量减施1/4推荐施化肥量。

沟川坝旱地春玉米推荐施肥量

地力等级	目标产量（千克/亩）	推荐施肥量（千克/亩）					
		氮（N）		磷（P_2O_5）		钾（K_2O）	锌锰硼肥
		秋施肥	春施肥	秋施肥	春施肥	秋施肥	春施肥
高等	≥900	10～12	6～9	5～7	2	6	1～2
中等	750～900	9～11	5～7	4～6	2	4～6	1～2
低等	600～750	8～10	4～6	3～5	2	2～4	2

（4）秋季施肥深耕整地　按照推荐的秋季施肥量配置肥料，冬前深耕整地时均匀撒施地表。重型翻转犁深耕，耕深25～35厘米。将地表秸秆和肥料翻入土壤中合墒，秸秆被土壤覆盖率≥90%，作业质量指标符合NY/T 742规定。

（5）播前肥料准备　按照推荐的春季施肥量，按比例配置磷肥和缓控释氮肥。硫包衣尿素质量符合GB/T 29401规定。

（6）浅旋耕施肥镇压　播前3～5天清理地表残茬，将氮、磷肥及锌锰硼微肥均匀撒施后浅旋耕，深度8～10厘米，碎土率≥60%，其他作业质量指标符合NY/T 499规定。

4.2　塬坪旱地春玉米秸秆冬春覆盖还田深施肥技术模式

4.2.1　作业流程

秋季秸秆处理—秸秆冬春覆盖—播前肥料准备—撒肥深耕旋耕整地—沟播镇压。

4.2.2　技术要点

（1）地块选择　选择前茬种植玉米病虫草害较轻的塬坪地，土体厚度在1.5米以上，田间秸秆处理作业前耕层土壤相对含水量≥50％，产地环境技术条件符合 NY/T 849 规定。

（2）田间秸秆处理

①留高茬，残茬高 15～25 厘米，秸秆粉碎，根茬间覆盖。②采用玉米收获机收获时，田间秸秆全部粉碎，留茬高度≤11 厘米、秸秆粉碎长度≤10 厘米、合格率≥85％。采用人工收获玉米果穗后，田间秸秆可用锤片式秸秆粉碎机粉碎，留茬高度≤8 厘米、秸秆粉碎长度≤10 厘米、合格率≥85％。

田间玉米秸秆处理及冬春秸秆地表覆盖

冬春季肥料准备及撒布

播前耕翻秸秆还田深施肥整地

（3）秸秆冬春覆盖　采用玉米联合收获机或锤片式秸秆粉碎机粉碎秸秆时，注意在粉碎秸秆表面适度增加土壤覆盖量，秋季不进行深翻耕，冬季和早春覆盖在农田表面。

（4）播前肥料准备　按照塬坪旱地地力等级与玉米目标产量水平，确定氮、磷、钾化肥的推荐施用量。建议在每亩施用1~2米³腐熟粪肥，适量减施1/4推荐施化肥量。微量元素肥料应做到因缺补缺、合理施用。

塬坪旱地春玉米推荐施肥量

地力等级	目标产量（千克/亩）	推荐施肥量（千克/亩）				
		氮（N）		磷（P_2O_5）	钾（K_2O）	锌锰硼肥
		速效型	缓释型			
高等	≥800	11~13	6~8	7~9	4~6	1~2
中等	600~800	9~11	4~6	6~8	2~4	1~2
低等	400~600	7~9	2~4	5~7		2

（5）施肥深耕旋耕整地　按照推荐的施肥量配置肥料，充分掺混后，在春季播种3~5天前均匀撒施在耕地表面；立即采用重型翻转犁深耕，耕翻深度25~30厘米，将地表秸秆和肥料翻入土壤中并合墒，秸秆被土壤覆盖率≥90%，作业质量指标符合NY/T742规定；随后进行浅旋耕，深度8~10厘米，碎土率≥60%；旋耕镇压后0~10厘米土层土壤容重应达到1.0~1.2克/厘米³。

4.3　梁坡旱地玉米轮耕及少免耕秸秆还田深施肥技术模式

4.3.1　作业流程

休闲期秸秆处理（秸秆留茬、冬春覆盖）—免耕侧深施肥播种—秋季土壤深松—免耕覆盖—春季土壤深翻耕。

4.3.2　技术要点

（1）地块选择　选择前茬种植玉米病虫草害较轻的梁坡地，土体厚度在1.5米以上，地面坡度≤15°，其他产地环境技术条件符合NY/T 849规定。

（2）土壤轮耕　按照"上一年秋季免耕秸秆覆盖—第1~2年少免耕侧深施肥播种—第2年秋季深松秸秆覆盖—第3~4年少免耕侧深施肥播种—第5年春季深翻耕秸秆还田深施肥播种—第5年秋季免耕秸秆覆盖—翌年继续少免耕侧深施肥播种"模式，每5年循环一次。

（3）休闲期秸秆处理　玉米收获时，田间秸秆留茬高度15~25厘米，秋季不进行深翻耕，秸秆覆盖在玉米根茬行间的农田表面。

（4）少免耕侧深施肥播种　采用玉米免耕播种机一次性完成开沟、施肥、播种、镇压等作业，作业质量符合NY/T 1628规定。播前肥料准备按照地力等级与玉米目标产量水平，确定氮、磷、钾化肥的推荐施用量。

（5）秋季土壤深松秸秆覆盖　实施免耕覆盖2年后，秋季采用凿型铲或其他适宜的深松机，进行局部深松，间隔50~60厘米，深度≥35厘米，深松作业质量符合NY/T 1418规定。

土壤轮耕顺序

（6）春季深耕翻秸秆还田深施肥　实施深松免耕覆盖后2～3年，按照推荐施肥量并每亩增加2～4千克N配置肥料，于春季播种前均匀撒施地表，立即采用重型翻转犁深耕，耕翻深度25～30厘米，将地表秸秆和肥料翻入土壤中并合墒，秸秆被土壤覆盖率≥90%，作业质量指标符合NY/T742规定，随后进行浅旋耕镇压。建议每亩施用1～2米³腐熟粪肥，适量减施1/4推荐施化肥量。

梁坡旱地春玉米推荐施肥量

地力等级	目标产量（千克/亩）	推荐施肥量（千克/亩）				
		氮（N）		磷（P_2O_5）	钾（K_2O）	锌锰硼肥
		速效型	缓释型			
高等	≥600	8～10	3～5	4～6	2～4	1～2
中等	450～600	6～8	2～3	5～7	0～2	1～2
低等	300～450	6～8	0～2	6～8		1～2

5   已推广面积、具体区域、取得成效

2017—2021 年，该项技术主要在山西晋城、长治、晋中、忻州、临汾、吕梁、朔州等地的沟川坝地及塬坪旱地，推广应用该成果的核心技术"旱地玉米秸秆适水还田技术"，累计应用面积 2 940.2 万亩，增产粮食 10.65 亿千克，农民增收 18.83 亿元，为保障粮食安全、促进农民增收，发挥了积极作用。同时有效减轻了秸秆的田间焚烧和废弃，增加秸秆等有机物料还田量 12.79 亿千克以上，培肥了旱作农田土壤。

6   典型案例材料

针对山西省旱地生产中秸秆还田和施肥与土壤保墒蓄墒不协调而影响播种质量问题，导致秸秆废弃或焚烧、浅旋耕施肥等现象普遍存在，基于山西省沟川坝地、塬坪旱地土壤水分特征，研究提出了旱作农田玉米秸秆适水还田深施肥技术，包括沟川坝地玉米秸秆秋季全量直接还田技术、塬坪旱地玉米秸秆秋冬覆盖春还田技术和深耕施肥等技术结合。该项技术在山西省寿阳县宗艾镇和景尚乡耕地上应用后，典型示范农田玉米产量提高 158.3～282.7 千克/亩，增产幅度达到 18.6%～42.9%，亩纯收入增加 251.6～469.3 元；秸秆还田率 95% 以上、耕层加厚到 25～35 厘米，耕层土壤有机质提升 1～3 克/千克、水分利用效率提高了 3.5～5.3 千克/（毫米·公顷）、肥料当季利用率提高 4～6 个百分点，达到了提高旱地玉米秸秆利用率和水肥利用效率、减轻硝态氮淋失和中下层积累、培育肥沃健康农田的目标。

7   效益分析

7.1   沟川坝地春玉米秸秆全量还田秋施肥技术模式

7.1.1   投入成本及经济效益

沟川坝地推荐采用 48% 含量玉米缓释肥（32 - 10 - 6），传统管理模式用化肥 80 千克/亩，推荐模式每亩施用缓释肥 60 千克和 2 米^3 有机肥；传统管理模式和推荐模式，机械作业及农资投入分别为 590 元/亩、665 元/亩；传统管理模式农田玉米近五年平均产量按 800 千克/亩计算，推荐模式农田玉米产量增产率 10%，扣除机械作业和农资投入后收入 954.2 元/亩，较传统管理模式增收 72.2 元/亩。

7.1.2   生态和社会效益

玉米成苗率提高 5%～8%，籽粒产量增加 8%～12%；秸秆全量还田，基本杜绝了秸秆废弃和焚烧；0～20 厘米土壤有机质 3 年累积提升 1.0～1.5 克/千克；耕层厚度增加 5～10 厘米，达到 25 厘米以上；硝态氮淋失率降低 12.1%～25.4%，水分利用效率提高 3.1～4.3 千克/（公顷·毫米）。

7.2   塬坪旱地春玉米秸秆冬春覆盖还田深施肥技术模式

7.2.1   投入成本及经济效益

塬坪旱地推荐采用 45% 含量玉米缓释肥（28 - 12 - 5），传统管理模式用化肥

80 千克/亩，推荐模式每亩施用缓释肥 60 千克和 2 米³ 有机肥；传统管理模式和推荐模式，机械作业及农资投入分别为 534 元/亩、588 元/亩；传统管理模式农田玉米近五年平均产量按 700 千克/亩计算，推荐模式农田玉米产量增产率 15%，扣除机械作业和农资投入后收入 893.2 元/亩，较传统管理模式增收 139.2 元/亩。

7.2.2 生态和社会效益

玉米成苗率提高 8%～12%，籽粒产量增加 10%～15%；秸秆还田率≥85%，0～20 厘米耕层土壤有机质 3 年累积提升 1.2～1.8 克/千克，肥料利用率提高 4～6 个百分点；播前耕层土壤含水率提高 2.3～5.1 个百分点，0～60 厘米土层贮水量增加 5～15 毫米。

7.3 梁坡旱地玉米轮耕及少免耕秸秆还田深施肥技术模式

7.3.1 投入成本及经济效益

梁坡旱地推荐采用 45% 含量玉米缓释肥（28-12-5），梁坡旱地传统管理模式用化肥 50 千克/亩，推荐模式第 1～4 年免耕侧深施肥用缓释肥 50 千克/亩，第 5 年春季深翻耕每亩施用缓释肥 40 千克和 2 米³ 有机肥；传统管理模式和推荐模式，机械作业及农资投入分别为 430 元/亩、433.4 元/亩；传统管理模式农田玉米近五年平均产量按 500 千克/亩计算，推荐模式农田玉米产量增产率 5%～10%，较传统管理模式增收 61 元/亩。

7.3.2 生态和社会效益

玉米增产幅度 5%～10%，年际间玉米产量稳定性增加；秸秆还田率＞80%，耕层土壤有机质 5 年累积提升 1.0～3.0 克/千克，耕地犁底层消失；农田降水利用率提高 5～8 个百分点，0～60 厘米土层贮水量增加 15～30 毫米。

不同秸秆还田模式与传统农户管理模式成本收益表

	秋施肥直接还田		冬春覆盖后直接还田		5 年轮耕还田						
						梁坡旱地模式					
	传统管理模式	沟川坝地模式	传统管理模式	塬坪旱地模式	传统管理模式	第一年	第二年	第三年	第四年	第五年	五年平均值
一、机械作业（元/亩）											
收获归仓	100	100	100	100	100	100	100	100	100	100	100
秸秆粉碎		25		40				25		25	10
秸秆移出	10		10		10						
灭茬	20		20		20						
深耕翻		40		40						40	8
深松								35			7
旋耕耙糖镇压	50	50	50	40	50					50	10
整地						10	10	20	10		10
施肥播种	40	50	40	30	40	40	40	40	40	40	40
病虫草害防治	10	10	10	10	10	20	20	20	20	10	18
合计	230	275	230	260	230	170	170	240	170	265	203

（续）

	秋施肥 直接还田		冬春覆盖 后直接还田		5 年轮耕还田						
						梁坡旱地模式					
	传统管 理模式	沟川坝 地模式	传统管 理模式	塬坪旱 地模式	传统管 理模式	第一年	第二年	第三年	第四年	第五年	五年 平均值
二、农资投入（元/亩）											
化肥	280	210	224	168	140	140	140	140	140	112	134.4
有机肥		100		100						100	20
种子、农药、 除草剂等	80	80	80	80	60	80	80	80	80	60	76
合计	360	390	304	328	200	220	220	220	220	272	230.4
三、玉米产量及产值											
玉米产量 （千克/亩）	800	880	700	805	500	525	525	550	525	550	535
玉米产值 （元/亩）	1 472	1 619.2	1 288	1 481.2	920	966	966	1 012	966	1 012	984.4
四、净利润（元/亩）											
机械作业及 农资投入	590	665	534	588	430	390	390	460	390	537	433.4
经济收入	882	954.2	754	893.2	490	576	576	552	576	475	551

注：2016—2020 年 5 年玉米平均销售价格 1.84 元/千克；投入费用中包括了机械作业费用和生产资料费用，未包括农户田间管理用工费用。

（周怀平　杨帆　杜文波　贾伟　解文艳　杨振兴　刘志平　贺丽燕　武雪萍　刘恩科　张树兰　等）

河北省冬小麦—夏玉米轮作区培肥地力技术模式

1 解决的主要问题

河北中南部平原区，以冬小麦—夏玉米轮作种植为主，在种植过程中，一是粮食栽培区不施用有机肥，存在土壤有机质含量降低风险；二是在耕作过程中，多采用旋耕，耕层浅薄；三是部分地区化肥滥施和过量施用，且长期施用导致土壤板结、养分不平衡。上述问题导致该区域耕地土壤理化性质和肥力下降。在该区域推广合理的耕作技术，可以维持地力水平，进而提高作物产量。

2 技术原理

2.1 深松耕技术

改善土壤理化性质，破除土壤板结。

2.2 秸秆还田技术

培肥地力，维持土壤养分，降低土壤容重。

2.3 测土配方施肥技术

减少肥料滥施与过量施用，解决土壤养分不均问题，降低面源污染。

3 适用范围

河北省中南部冬小麦—夏玉米轮作区域。

4 操作要点

4.1 冬小麦种植

4.1.1 整地作业

夏玉米采用联合收割机收获，收获、秸秆粉碎一次性完成。秸秆粉碎长度在 10 厘米以下。粉碎的秸秆抛撒均匀。之后采用玉米秸秆还田机械将秸秆再粉碎一次。

秸秆粉碎

深松土壤

采用测土配方施肥技术，根据耕地地力水平和目标产量确定小麦底肥配方和用量。底肥以撒施为主。

采用旋耕机旋耕 2 遍破除玉米根茬，旋耕深度 15 厘米左右，同时将碎秸秆翻埋在土下。2～3 年用大马力拖拉机带铧犁翻耕或深松 25 厘米以上。为加速秸秆腐熟，根据当地情况可施用秸秆腐熟剂，并适当增施氮肥。

如夏玉米种植时出现随作物秸秆传播的病虫害，应根据植保要求施用相应农药。

4.1.2　种植管理

冬小麦采用机械播种。施肥及田间管理与常规耕种方式相同。

4.1.3　冬小麦秸秆还田

冬小麦收获时采用小麦联合收割机，收获的同时完成秸秆粉碎还田。留茬高度需小于 20 厘米，否则影响玉米生长。麦秸粉碎长度在 10 厘米以下。粉碎的秸秆抛撒均匀。

秸秆还田

整地作业

为加速秸秆腐熟，根据当地情况可施用秸秆腐熟剂，并适当增施氮肥。

4.2 夏玉米种植

4.2.1 整地作业

小麦机械收获时上部茎叶粉碎撒于地表，根茬残留，夏玉米播种采取铁茬播种。

4.2.2 种植管理

夏玉米采用种肥同播机播种。采用测土配方施肥技术，根据耕地地力水平和目标产量确定夏玉米底肥配方和用量。

5 已推广面积、具体区域、取得成效

该技术模式在河北省中南部平原的石家庄、保定、衡水、沧州、邢台、邯郸等地推广实施多年，推广面积1 000万亩以上。通过该项技术模式实施，冬小麦亩产增加20千克，增产率5%以上；夏玉米亩产增加30千克，增产率6%以上。确保土壤各养分指标在较高水平，土壤容重降低，减少化肥施用5%～10%。

6 典型案例材料

辛集市位于黄淮海平原北部、河北中南部平原区，冬小麦—夏玉米轮作是主要种植模式。采用联合收割机、旋耕机、深耕机械等，解决作物秸秆利用问题，改善土壤理化性状，提升作物产量。

7 效益分析

7.1 经济效益

冬小麦季操作成本为145元/亩，夏玉米季操作成本95元/亩，两季操作成本合计240元/亩。

冬小麦季操作成本分析

序号	项目	费用（元/亩）
1	玉米收获时秸秆粉碎	70
2	秸秆还田机械再次粉碎秸秆	
3	旋耕 2 遍	50
4	机械播种	20
5	镇压	5
合计		145

夏玉米季操作成本分析

序号	项目	费用（元/亩）
1	小麦收获时秸秆粉碎	70
2	机械播种	25
合计		95

7.2　生态和社会效益

通过该项技术模式的实施，杜绝了秸秆焚烧情况，解决了农业废弃物利用问题。同时将秸秆中的养分归还到土壤中，补充了土壤有机质，改善了土壤理化性状，平衡了土壤养分，维持了土壤肥力水平，防止了耕地质量下降，为粮食高产稳产提供了根本支持。该模式适应当前生产技术水平，在河北省中南部平原推广多年，深受农民的欢迎，为维持冬小麦—夏玉米轮作区耕地质量发挥了重要作用。

（张培　刘淑桥　张建发　王玲欣）

南方贫瘠耕地
培肥技术模式

江淮地区中低产稻田
用养结合技术集成应用技术模式

1 解决的主要问题

作为长江中下游的重要水稻产区，安徽江淮地区稻田长期重用轻养，造成土壤肥力降低、结构劣化、产能降低等问题，目前该地区中低产稻田面积占稻田总面积的50%以上。

2 技术原理

通过建立以绿肥种植、秸秆还田、有机肥施用以及耕作措施优化为核心的全耕层土壤培肥技术体系，进而实现该区域土壤肥力提升、养分资源高效利用、作物持续增产和农田环境改善的目标。

3 适用范围

安徽江淮及周边中低产稻田。

4 操作要点

4.1 有机无机配合技术

4.1.1 有机肥施用量

水稻栽插前，每亩提前翻压商品有机肥100～200千克，或发酵腐熟的畜禽粪肥200～300千克，或农家肥500～1 000千克，或实施绿肥-秸秆协同翻压，绿肥鲜草翻压量1 500～2 000千克。

4.1.2 养分替代量

中等肥力稻田，合理配施有机养分，可替代单季稻全生育期10%～15%化肥养分，或双季稻单季20%～30%化肥养分；低肥力稻田，推荐采取有机肥增量施用方式。

4.1.3 养分运筹

推荐水稻磷、钾肥仍以基施为主，化学氮肥运筹可适当减少分蘖肥比例，保证穗肥，例如化学氮肥基、蘖、穗比例可由5∶3∶2调整为6∶2∶2、7∶0∶3或6∶0∶4。

4.2 周年轮耕技术

4.2.1 物理耕作

单季稻田，前茬种植冬季绿肥或田间残留秸秆较多时，建议深旋耕一遍（15～20 厘米）＋浅旋整地一遍（8～10 厘米）后栽插水稻；前茬田间残留秸秆不多，可直接采取浅水浅旋整地（8～10 厘米）后栽插水稻。双季稻田，早稻种植前耕作措施与单季稻一样，但晚稻种植前，建议深旋耕一遍（15～20 厘米）＋浅旋整地一遍（8～10 厘米）后栽插晚稻。

秋季水稻收获时，秸秆粉碎为≤10 厘米小段并均匀抛撒。不灌水情况下，采用大型机械进行翻耕（20 厘米以上），只耕翻、不碎平，使翻起的下层土壤充分接触空气、阳光。

4.2.2 冬季生物耕作

通过绿肥生物耕作改良耕层。绿肥播种类型及播种量：一般每亩播种紫云英 1.5～2.0 千克；或采取绿肥混播技术，每亩播种紫云英 1.0～1.5 千克加油菜 0.1～0.15 千克。

4.2.3 周年间轮耕安排

一般可采取 1 年冬季翻耕晒垡与 1～2 年冬季生物覆盖轮换。参考实际土壤状况，可适当调整冬季翻耕晒垡间隔：如地下水位较高，土壤还原性物质过多，可每隔 1 年冬季翻耕晒垡一次，随着土壤通透性改善，可逐步过渡为每隔 2～3 年冬季翻耕晒垡一次。

4.3 绿肥-秸秆协同还田技术

4.3.1 绿肥种植

紫云英作为该区域最常用绿肥，双季稻区选择早熟品种，如皖紫 1 号、皖紫早花等；单季稻区选择中迟熟品种，如弋江籽、皖紫 2 号等。

冬季绿肥种植

10月10日前不能收割水稻的，在9月底至10月上中旬水稻勾头灌浆期稻底套播紫云英。10月10日前收割水稻的，可在水稻收割后直接撒播。水稻推荐采用留高茬收获，留稻茬30～40厘米，稻草秸秆量少时也可适当降低留茬高度。

稻底套播紫云英条件下，当每亩田间覆盖稻草秸秆总量≥350千克时，稻草秸秆切碎为≥25厘米以上大段并均匀抛撒，紫云英亩播种量2.0～2.5千克；每亩田间覆盖稻草秸秆总量＜350千克时，稻草秸秆粉碎为≤10厘米小段并均匀抛撒，紫云英亩播种量1.5～2.0千克。水稻收获后直播紫云英条件下，秸秆粉碎为≤10厘米小段浅旋，紫云英亩播种量1.5～2.0千克。

4.3.2　绿肥-秸秆协同还田

直播早稻田一般提前7～10天，移栽稻田提前10～15天，将紫云英与稻草秸秆残茬等一起旋耕翻压还田。翻压时视天气情况，如雨水多，可采用湿耕，天气干燥可采取干耕后再灌水。实施绿肥-秸秆协同还田后1个月内稻田不主动排水，合理灌水，以减少养分流失。

绿肥-秸秆协同还田技术

5　已推广面积、具体区域、取得成效

2009年起，技术依托单位通过构建"科学研究＋企业转化＋农技推广＋政府协调"相结合的新型农业科技成果协同推广体系，在江淮稻区20余个县市开展了基于有机无机养分协同供应、绿肥-秸秆碳氮协调还田培肥、物理-生物合理轮耕等相关技术的稻田用养结合技术模式集成应用，年均推广面积140万亩，水稻节肥增效9 000万元以上。主流媒体多次报道了该技术模式的相关工作，进一步提高了其社会关注度和认知度。

6　典型案例材料

绿肥-秸秆协同还田的稻田用养结合技术在安徽池州、桐城、南陵多年多点试验示范表明，水稻季可减施化肥15%～30%，增产4.6%～13.0%，并进一步提高稻米品质。同时可培肥土壤，并调控稻田养分流失及温室气体排放。其中土壤有机质和全氮分别提升9.9%～22.7%和6.7%～12.1%，土壤有效磷、速效钾分别提高4.4%、4.6%，土壤磷素流失风险和甲烷排放系数分别降低45.7%、11.7%。有机肥施用以及耕作措施优化为核心稻田用养结合技术在安徽舒城连续6年试验示范表明，耕层厚度平均可提升2～7厘米，土壤有机质含量提高2.9～7.4克/千克。水稻季平均增产7.7%～8.0%。双季稻、稻—油、稻—麦模式周年温室气体排放强度分别降低4.8%、5.9%和3.7%。

7 效益分析

基于绿肥-秸秆协同还田的稻田用养结合条件下，亩均净效益（节约化肥＋水稻增产－绿肥种子成本－翻压成本）75.3～125.3元。基于有机肥施用以及耕作措施优化为核心稻田用养结合条件下，亩均净效益（节约化肥＋水稻增产－绿肥种子成本－翻压成本）约25.3元。

（韩上　唐杉　武际　程巍东　史习建　程文龙　李文　卜容燕　李敏　王慧）

福建省黏瘦型水稻土
地力提升与化肥减量增效技术模式

1　解决的主要问题

　　福建地处东南沿海，人多地少，中低产田比重约占 80％。其中黏瘦型水稻土以黄泥田为代表，是福建省主要中低产田类型之一，约占水稻土面积的 30％。黄泥田土壤剖面犁底层下多见黄色锈斑或全层为黄色，俗称"黄泥层"，主要分布于山地丘陵、山前倾斜平原、滨海台地和河谷阶地，有机质含量低，土质黏重。黄泥田所处地势较高，渗透性强，干湿交替频繁，剖面土壤分化较明显。因此，区域内该类型水稻土改良方向主要是提高有机质、改良土壤结构与提升水养库容。

2　技术原理

　　通过秸秆、有机肥等有机物料还田，提高与更新土壤有机质，扩充水养库容·改善土壤结构，促进养分有效释放；通过轮作与深耕方式，进一步改进土壤理化、生化等性，有效提升土壤质量，实现红壤区黏瘦水稻土生产力提升与化肥减量提升增效。

　　该模式提供了黏瘦水稻土有机质提升与产能提升技术体系，包括紫云英-稻秆协同还田与化肥减量技术、稻秆全量粉碎还田固碳、水旱轮作促地力提升技术，深耕增加耕层厚度结合有机肥施用等技术，逐步提高有机质含量、降低容重，促进养分均衡供给，在提高产量的同时达到节肥增效的目标。

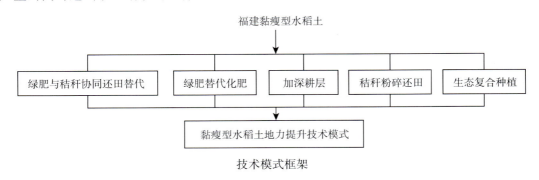

技术模式框架

3 适用范围

适用于福建省分布于山地丘陵、山前倾斜平原分布的黏瘦型中低产田的障碍改良与地力提升。

4 操作要点

4.1 紫云英-稻秆协同还田与化肥减量技术

（1）紫云英品种选用技术　选用早发、高产、适应性强的紫云英品种，如闽紫系列品种。在中、晚稻收割前15～20天排水搁田后撒播，结合无人机播种，每亩1.5～2千克种子，高产品种可适当减播种子。

（2）稻秆高留茬还田技术　水稻收割前7～10天落干，保持收割时田面干爽。水稻机收时留高茬，高度35厘米以上，其余稻草粉碎还田。

（3）紫云英生育期管理技术　水稻收获后根据苗情补施5～10千克过磷酸钙，冬灌"跑马水"防旱，开春后要清沟防渍。中稻区翌年紫云英初花期喷施硼砂与钼酸铵叶面肥1次，提高结荚率。

（4）紫云英-稻秆协同还田技术　早稻、再生稻区紫云英盛花期压青还田，鲜草量达到1 500～2 000千克/亩，中稻区控制黑荚花序35%～40%，与半腐解稻秆协同翻压入田。

（5）水稻生育期化肥减施技术　与常规施肥相比，水稻生育期化肥可减量20%，中晚稻水稻收割后紫云英基本苗如达到20万株/亩以上，第二年紫云英种子可不播或少播，实现一次播种多年繁殖利用。

紫云英-稻秆协同还田技术试验与示范

4.2 稻秆全量粉碎还田固碳技术

（1）早稻田稻秆全量粉碎还田　早稻成熟收割后，稻草全部粉碎还田，旋耕机翻压至耕层15厘米以下，沤至10天后晚稻开始插秧。

（2）中、晚稻田稻秆全量粉碎还田　单（晚）季稻区水稻收获后，稻草粉碎、覆盖还田，翌年春季翻压还田，有条件区域可深翻入土。

（3）水稻生育期化肥减施技术　在配方施肥基础上，水稻生育期氮肥、磷肥减施10%，钾肥可适当减施20%～30%。

稻秆全量粉碎还田

4.3　水旱轮作促地力提升技术

在闽西北地区，重点推广水稻—油菜（紫云英、蔬菜）等水旱轮作模式；在闽东南沿海，重点推广水稻—蚕豆（大豆、蔬菜）等水旱轮作模式。代表性的轮作模式如下：

（1）蚕豆—水稻轮作技术　选用慈蚕1号、陵西一寸、沁后本1号等品种。在10月下旬至11月中旬播种。每亩施20～30千克石灰后，深耕作畦。播种灌足出苗水，开花结荚期及时灌"跑马水"。初荚期打顶以促进结荚和豆粒饱满。蚕豆鲜荚采摘后，新鲜秸秆利用还田机械及时切碎并翻压还田。每亩新鲜蚕豆秆翻压量，以1 500千克/亩左右为宜。后作水稻。

（2）油菜—水稻轮作技术　选用浙油50、中双11号、油研9号等品种。前茬收获后及时翻耕作畦。育苗移栽的在9月下旬至10月上中旬播种，苗龄30～35天开始移栽。直播栽培于10月中下旬穴播。花芽分化前后喷施0.2%硼砂溶液1～2次。掌握在全田角果80%褪绿现黄、种子呈本品种的固有色泽进行收割。油菜收割时只割分枝，其余留高茬机械切碎翻耕还田。每亩油菜秸秆干物还田量150～250千克。后作水稻。

（3）水稻—紫云英轮作技术　选用早发、高产、适应性强的闽紫系列等品种。紫云英一般于9月中下旬至10月中下旬播种。宜选在中、晚稻收割前15～20天播种，水稻收割可高茬留田。亩用种量1.5～2.0千克，高产品种可适当减播种子，采用钙镁磷肥2.5～5.0千克拌种，播种时落籽均匀。水稻收割后每亩施过磷酸钙10～15千克、氯化钾3～4千克。冬季应灌"跑马水"防旱，开春后要多次清沟防渍。双季早稻区宜在紫云英盛花期或此前翻压，通常应在插秧前10～20天，翻压时每亩施用石灰25～40千克，每亩鲜草翻压以1 500千克左右为宜。单季稻区在初荚期翻压。

玉米—水稻、大豆—水稻、油菜—水稻轮作　　　　　　蚕豆—水稻轮作

4.4　注意事项

（1）在晚稻（单季稻）收割前 7～10 天应排干水分，保持田间干燥，防止收割机碾压烂泥田造成紫云英出苗不齐，收后在收割机拐弯大面积碾压处适当补播紫云英种子。苗期稻草集中覆盖区应用竹竿挑起，防止过量稻草积压导致紫云英窒息死苗。

（2）双季稻区早稻收割后，因抢种晚稻，可施用适量石灰或稻秆腐熟剂以加快腐熟。

（3）水旱轮作过程，应结合秸秆还田、增施有机肥，深施肥料，通过旱作作畦加深耕层等措施，以养带种、以种促养，提高土壤有机质，减轻土传病虫害，提高耕地产能。

（4）注意闽西北的积温与极端低温是否适合旱作种植，如蚕豆、大豆等。

5　已推广面积、具体区域、取得成效

2018—2021 年在福建闽侯、浦城、顺昌、沙县等地开展紫云英绿肥种植及其与秸秆协同还田示范试验，示范区结果表明，种植绿肥后季作物可减少化肥施用量 10%～25%，与秸秆协同还田最高可减肥 60%。并且，土壤容重明显下降，有机质含量提高 12.2%～16.7%，作物增产 3.4%～12.3%，亩增效 55～65 元。

6　典型案例材料

福建省闽侯县白沙镇地处南亚热带与中亚热带交界地区，层状地貌明显，相对高度15～50 米。成土母质多为低丘红壤坡积物，主要水稻土类型为福建省分布广泛的黄泥田。区位优势明显，自然资源丰富，增产潜力巨大。但目前种植业平均产量仅为气候生产潜力的 20%，急需针对区域限制因子开展提升农田生产力。黄泥田是主要的中低产田，土壤存在黏、酸、瘦、旱等限制因素。从 1983 年起，通过在该点设置有机物料还田长期定位试验点，连续 36 年的长期定位试验显示，稻秆全量粉碎还田的历年水稻产量比常规技术增产 10.7%。水稻籽粒氨基酸含量提高 7.0%，土壤有机质含量提高 10.6%，土壤容重降低 7.1%。连续 11 年的绿肥长期定位监测表明，长期种植绿肥土壤全氮含量提高9.4%～14.1%，有机质含量提高 7.9%～12.0%，土壤生态得到改善，化肥可减量20%～40%，生态效益明显。连续 4 年黄泥田定位试验表明，与常规单作相比，中稻—油

菜、中稻—春玉米与中稻—大豆等水旱轮作，水稻籽粒增产 4.8%～6.9%，在此基础上结合秸秆还田，可增产 10.2%～10.7%，轮作结合稻秆还田的籽粒钙含量较常规单作增加 9.3%～10.4%，轮作的水稻氮素利用率较空白对照提高 2.4～10.2 个百分点，土壤氮、磷、钾有效养分增加，土壤大团聚体比重提升、容重降低，土壤结构持续得以改善。水稻每季亩增效 70 元以上。

7 效益分析

7.1 经济效益

全省自 2019 年实施以来，累计推广稻田紫云英种植与利用技术 200 万亩，推广有机肥 390 万亩，推广秸秆还田 1 100 万亩，平均亩增效 58 元。

7.2 社会效益

通过推广绿肥种植、有机肥施用与秸秆还田以及酸化治理等技术，提高了水稻单产水平，有效挖掘了中低产田增产潜力。同时，推动了全省绿肥恢复发展，提升了区域粮食安全保障能力。项目实施培育出紫云英闽紫系列品种，具有早发、高产与适应性强的特点，得到基层用户的青睐，形成优势品牌。

7.3 生态效益

通过推广绿肥、有机肥及秸秆还田等措施，在提升地力的同时，可减少稻田化肥投入，提高稻田肥料利用率。以紫云英绿肥为例，在稳产前提下，推广紫云英每亩可节氮 2.5 千克/亩，提高肥料利用率 10 个百分点以上，可改善土壤微生物群落结构、土壤酶活性等性状。绿肥-稻秆联合还田技术，高效解决了稻秆还田难题，实现节本增效。通过绿肥等有机物质投入，集成耕地地力提升与化肥减量增效技术，推动了绿色发展，增加了"绿肥＋"稻米、有机稻米等优质农产品供给，提升了农产品的市场竞争力，提高了耕地的综合生产能力与效益。

（王飞　李清华　何春梅　刘彩玲　王珂　林琼　黄毅斌　张世昌　黄功标　张华　廖丽莉）

江苏省黄河故道沿线土壤有机质提升技术模式

1 解决的主要问题

江苏省黄河故道沿线总耕地面积为 1 726.5 万亩，占全省耕地总面积的 25.13%，是重要的粮食产区。江苏省黄河故道区土壤发育程度低、沙性重，普遍存在有机质含量低、养分不均衡及生物功能弱等土壤障碍问题。江苏多年来大力推行秸秆还田和有机肥下田，但土壤有机质含量提升依然较慢，该地区土壤仍是江苏省土壤的肥力洼地。在土壤有机质提升技术方面，对秸秆还田和增施有机肥的效果尚停留在定性阶段，且耕作与有机物料间协同作用低，缺少土壤有机质定量提升综合解决方案。因此，构建、推行土壤有机质提升技术模式是提升该区域耕地肥力质量，促进农业可持续发展的关键。

2 技术原理

主要技术路径：秸秆还田结合定量施用外源有机物料，增加土壤有机质培育的底物；利用微生物促腐剂作为有机物料激发剂，提高有机物料腐殖化效率；通过定期犁耕深翻提升秸秆和有机物的消纳能力；旱地免耕结合施用土壤结构调理剂，改善土壤结构，强化有机质物理保护机制，实现黄河故道区土壤有机质的量质齐升。

该模式包括有机物料定量投入、激发式有机物料施用、耕作与土壤结构调理等技术。有机物料定量投入技术主要根据不同物料腐殖化特征，以有机质定量提升为目标，选用最优有机物料类型及投入量。激发式有机物料施用技术主要运用贝莱斯、娄切氏等微生物菌剂（每亩 2~5 千克）作为有机物料激发剂。耕作措施主要针对水田和旱地每隔 3~5 年犁耕深翻一次结合夏季免少耕，提高有机物消纳能力并减少旱地侵蚀；土壤结构调理措施主要包括旱地秸秆覆盖和免少耕、土壤结构调理剂施用等，增强土壤有机质的物理保护能力。

3 适用范围

江苏省黄河故道沿线潮土区。

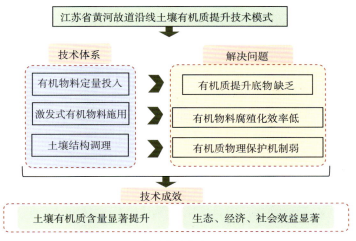

江苏省黄河故道沿线土壤有机质提升技术模式

技术体系 解决问题

有机物料定量投入	➤	有机质提升底物缺乏
激发式有机物料施用	➤	有机物料腐殖化效率低
土壤结构调理	➤	有机质物理保护机制弱

技术成效

土壤有机质含量显著提升　　生态、经济、社会效益显著

技术模式框架

4　操作要点

操作要点主要包括有机物料施用、土壤结构调理剂施用、耕作措施、养分管理等。具体田间操作步骤如下：

4.1　有机物料施用

4.1.1　秸秆粉碎还田

采用机械化方式进行秸秆粉碎及还田，联合收割机应带秸秆切碎装置，割茬以上部分秸秆切碎长度应小于 10 厘米。留茬高度水稻宜小于 15 厘米、小麦宜小于 25 厘米，秸秆抛撒均匀率大于 80%。前茬作物病虫害严重的秸秆不宜直接还田。

4.1.2　激发式外源有机物料施用

选用植物源为主的商品有机肥、草腐菌渣或木腐菌渣作为外源有机物料进行施用，旱旱轮作和水旱轮作每亩年施用量分别为 1.0 吨、1.2 吨、1.1 吨和 0.9 吨、1.1 吨、1.0 吨。将贝莱斯、娄切氏等促腐菌剂作为激发剂与有机物料混合后施用。

秸秆及外源有机物还田现场

4.2 土壤结构调理剂施用

土壤结构调理剂选用聚丙烯酰胺（阴离子型，相对分子质量 1 000 万～1 200 万），施用量为 2 千克/亩，施用前按 1：20 重量比将调理剂与细土混匀，均匀撒施于地表。

4.3 耕作方式

小麦、水稻播种前进行旋耕，耕深 10～15 厘米，碎土率≥60%，将秸秆残茬、有机物料等翻埋 10 厘米深左右，翻埋秸秆及外源物料覆土率应≥85%；同时水田和旱地在水稻以及旱地夏粮收获后每 3～5 年进行秸秆犁耕深翻还田一次，水田保持深翻 20～25 厘米，保持犁底层，旱地深翻 20～30 厘米，翻埋秸秆及外源物料覆土率应≥95%；玉米季采用免少耕，秸秆粉碎覆于地表还田，使用免耕播种机进行玉米播种。

秸秆和外源有机物犁耕深翻还田

4.4 养分管理

有机物料施用下，化学氮肥施用总量可减少 10%，但应适当前移施用。作物苗期化学氮肥施用比例宜提升 10%，以促进有机物料快速腐解。其他田间管理与常规方式相同。

5 已推广面积、具体区域、取得成效

该项技术先后在江苏省黄河故道区滨海县、铜山区、邳州市和泗阳县等开展相关技术的集成与推广工作。目前该技术已覆盖江苏省黄河故道沿线首、中、末段全域。通过该项技术实施，黄河故道沿线耕地土壤有机质含量增加 2.28 克/千克，耕地质量平均等级提升 0.80。

6 典型案例材料

江苏省滨海县位于黄河故道沿线末段，存在土壤有机质含量低、土壤基础肥力差、漏水漏肥严重等问题。2018—2021 年，研究发现在该区秸秆旋耕还田和不还田下小麦玉米轮作土壤有机质含量年提升 0.38 克/千克、0.14 克/千克。每提升 1 克/千克土壤有机质需每年施用商品有机肥 1 126 千克/亩、草腐菌渣 690 千克/亩、木腐菌渣为 620 千克/亩。通过推广施行有机质提升技术模式，实现了该地区土壤有机质含量显著提升 17.1%～24.5%，土壤大团聚体含量提升 52%，周年产量提升 5.12%～6.20%。

7 效益分析

7.1 经济效益

2019—2021 年黄河故道沿线推广区水稻平均亩增产 44.5 千克，增产率 7.79%；小麦平均亩增产 27.7 千克，增产率 7.21%；玉米平均亩增产 32.3 千克，增产率 8.20%。按单位规模新增纯收益缩值系数和规模缩值系数分别为 0.7 和 0.9，缩值前水稻、小麦、玉米亩新增纯收益分别为 129.29 元、70.50 元、86.53 元计算，单位规模新增纯收益 99.09 元/亩。

7.2 社会效益

通过推广该技术模式，促进了秸秆、畜禽粪便、食用菌渣等农业有机废弃物资源化利用，同时为中低产田及补充耕地的定向改良提供了技术支撑，提高了全省耕地综合产能。

7.3 生态效益

通过推广应用该技术模式，提升了土壤保肥能力，同时有效消纳秸秆还田、菌渣类有机物料，降低有机物不合理应用导致的环境问题。

（汪吉东　郁洁　徐聪　纪程　张辉　王磊　吴华山　张永春　王绪奎　艾玉春）

"绿肥+" 旱地作物化肥减施增效与耕地质量提升技术模式

1 解决的主要问题

解决云南省一年两熟不足、一熟有余地区中低产田有机物料投入不足、化肥减施增效和耕地质量提升问题。

2 技术原理

利用冬闲田种植绿肥、原位低成本生产优质有机肥替代化肥，配合主作物秸秆还田和周年养分管理，提高养分利用率，提升耕地质量。

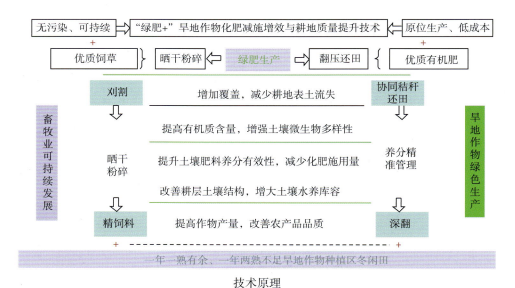

技术原理

3 适用范围

西南旱地作物种植区冬闲田。

4 操作要点

以一年为一个轮作周期,第一年春夏季种植玉米、马铃薯、烤烟或荞麦,秋季收获后免耕播种绿肥;翌年2～3月刈割,地上部分晒干粉碎作优质饲料过腹还田,地下部分还田。具体田间操作步骤如下:

4.1 第一年玉米、马铃薯、烤烟或苦荞后轮作绿肥

按当地常规种植玉米、马铃薯、烤烟或苦荞,秋季收获后免耕条播(穴播或撒播)种植绿肥。

4.1.1 绿肥播种

玉米收获后留80厘米高秆后免耕撒播绿肥;马铃薯和苦荞收获后免耕撒播绿肥;烟草采烤后(或上部叶采烤前)在烟垄两边免耕条播或穴播绿肥,其中光叶苕/毛苕子/箭筈豌豆播种量45～75千克/公顷,肥田萝卜播种量22.5～30千克/公顷。

玉米/马铃薯/烟草/苦荞后复种绿肥

4.1.2 绿肥田间管理与翌年还田利用

绿肥免耕播种后5～7天出苗,豆科绿肥生育期200～250天,十字花科绿肥生育期120～160天,绿肥全生育期不需要施肥、田间中耕管理和病虫害防控。

绿肥初花期翻压

初花期生物量最大、养分含量最高时刈割/翻压还田,需要改良的耕地建议全量还田。翻压后20天进行春夏季作物播种或移栽。

绿肥地上部分刈割粉碎作饲料、根茬落叶翻压还田

4.2　翌年旱地作物周年养分精准管理

整地前绿肥还田 0.25～0.6 吨（干），氮还田量为 3～8.7 千克/亩，磷还田量 0.22～0.8 千克/亩，钾还田量 2.5～5.3 千克/亩；播种时磷、钾肥一次性作基肥施用，氮肥根据作物生育期需肥规律适时追施。

4.3　注意事项

4.3.1　绿肥种植时间的选择

绿肥适宜秋季（8月上旬至10月上旬）土壤湿润时播种。

4.3.2　注意化肥减施，避免营养过剩造成减产

因绿肥氮、钾含量高，翻压后要注意化肥氮、钾的减量施用，以免造成浪费或肥料过量减产，尤其是对氮较敏感的烤烟。

5　已推广面积、具体区域、取得成效

全省示范推广面积扩大到 510 万亩，减少旱地作物化肥用量 15％～30％，年均提升土壤有机质 1～5 克/千克，作物产量提高 3％～27.9％，为云南省化肥减施增效与耕地质量提升提供了技术路径。

6　典型案例材料

云南省昆明市东川区是农业大县，也是养殖大县，饲草需求缺口大，该区从 2017 年开始应用该项技术开展化肥减施增效与耕地质量提升，示范区化肥用量减少 30％，产量提高 3％～27.9％，节本增效 538.4～724.3 元/亩，至 2020 年耕作层土壤有机质含量增加 2.3 克/千克。

7　效益分析

7.1　经济效益

通过绿肥固氮增碳、解磷活钾、提高中微量元素利用率，减少核心示范区旱地粮经作物化肥用量 15％～30％，降低肥料施用成本 57.3～58.4 元/亩，增加绿肥收益 480～685 元/亩。

经济效益分析

作物		成本增减（元/亩）	效益增减（元/亩）
玉米	传统模式	0	0
	该模式	−49.3	734.3
马铃薯	传统模式	0	0
	该模式	−58.4	538.4

注：按玉米后复种绿肥年产绿肥干饲料最低产量 0.35 吨/亩；马铃薯后复种绿肥提前一个月刈割年产绿肥干饲料最低产量 0.25 吨/亩，市场价 3 元/千克进行核算。

7.2 社会效益

大部分绿肥具有肥饲兼用功能，种植绿肥后除原位生产优质有机肥、提升耕地质量、保障粮食安全外，绿肥地上部分晒干粉碎后还可作为优质饲料，实现农业生产节本增效和农民增收。

7.3 生态效益

减少水土流失 20.1%，降低农田径流总氮和总磷浓度 23.6% 和 14.2%；避免冬春季表土风蚀，净化环境，促进美丽乡村建设。

（付利波　李青彦　宗晓波　尹梅　陈华　陈检锋　王志远　王伟　字春光　杨艳鲜　王应学　刘建香　伏成秀　史君怡）

苏北设施果类蔬菜土壤盐渍化消减与有机质提升技术模式

1　解决的主要问题

苏北设施果类蔬菜生产为片面追求产量，多数农户化肥用量超出作物正常生长的需求量，土壤养分过剩导致次生盐渍化严重，但有机类肥料投入量不足，土壤有机质含量有逐年下降趋势。另外，苏北土壤以沙性土质为主，生物活性普遍不强，长期不合理施肥使得生物学性状恶化、土壤免疫系统弱化和综合肥力下降。针对该类型障碍土壤，适宜推广"蔬菜残体还田＋有机肥施用＋土壤调理＋化肥精准施用"四位一体技术模式，在消减次生盐渍化和稳定提高有机质含量的同时提升土壤生物肥力和合理处理蔬菜残体，进而有效提高土壤综合质量。

2　技术原理

应用蔬菜残体原位还田技术，高温腐解使得果菜残体释放养分，还原反应促进土壤盐分消减；施用足量腐熟有机肥，可提高土壤有机质含量，增强土壤缓冲性能；施用适量生物活性调理剂，可增强土壤生物活性，增加微生物多样性，进而促进植物吸收养分；精准施用化肥，按需投入氮、磷、钾及中微量元素养分，使得土壤养分维持在合理范围。

3　适用范围

该技术模式适用于苏北设施果菜种植区域，特别是次生盐渍化严重（电导率＞0.5毫西/厘米，碱解氮＋有效磷＋速效钾＞600毫克/千克）、有机质含量低（有机质含量＜20克/千克）、生物活性差的障碍性设施土壤。

4　操作要点

4.1　蔬菜残体原位还田

针对病株率10%以下的蔬菜残体直接进行原位还田，去除绳线、支撑杆等后撒施15～20千克/亩高温微生物腐解菌剂（活菌数≥10^9CFU/克），再通过添加尿素或秸秆调节还田蔬菜残体碳氮比至 25∶1～30∶1。选用适宜秸秆粉碎还田机进行原位粉碎 1～2 次至长度 10 厘米以下，再应用旋耕机旋耕 1 次。起埂灌水至水面高于土层 3～5 厘米，或浇灌水分至土壤水分含量为田间最大持水量后覆盖塑料薄膜密闭土壤，薄膜厚度＞0.02 厘米。关闭棚室入口处和封住所有通风口，防止透风，高温闷棚腐解时间 20 天以上，其中棚温 65℃以上不少于 10 天。

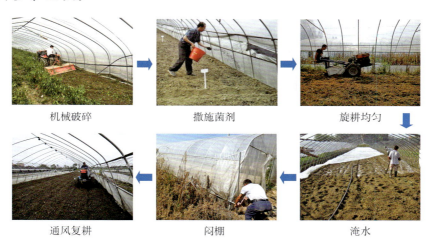

机械破碎　　　　　　　撒施菌剂　　　　　　　旋耕均匀

通风复耕　　　　　　　　闷棚　　　　　　　　淹水

蔬菜残体原位还田操作流程图

4.2　有机肥施用

基肥施用发酵充分、安全性高的商品有机肥或堆肥，优选以植物源为主（高纤维素农业有机废弃物占比≥60%）、畜禽粪便为辅，电导率 5 毫西/厘米以下的有机肥。依据果类蔬菜目标产量施用有机肥。在整地时以基肥撒施，翻耕深度以 25～30 厘米为宜。针对单体大棚蔬菜，主推 1 米³ 履带自走式撒肥机。针对连栋大棚蔬菜有机肥施用，三推 2 米³ 履带自走式撒肥机。

果类蔬菜有机肥适宜用量推荐范围

目标产量 地力水平	6 000 千克/亩以下	6 000～8 000 千克/亩	8 000～10 000 千克/亩	10 000 千克/亩以上
高肥力	0.5～0.8 吨	0.8～1.0 吨	1.0～1.2 吨	1.2～1.5 吨
中肥力	0.8～1.0 吨	1.0～1.2 吨	1.2～1.5 吨	1.5～1.8 吨
低肥力	1.0～1.2 吨	1.2～1.5 吨	1.5～1.8 吨	1.8～2.0 吨

4.3　土壤调理

适宜应用以低盐腐熟有机肥（电导率≤5 毫西/厘米）、高比表面积生物炭（电导率≤4 毫西/厘米、比表面积≥3 米²/克）、耐盐促生有效菌菌剂为主的生物活性调理剂。将生物活性调理剂与有机肥均匀撒于设施土壤中，用量为 300～500 千克/亩，充分翻耕后浇水至田间最大持水量，土壤保湿 3～5 天后再种植蔬菜。

生物活性调理剂施用

4.4　化肥精准施用

基肥化肥依据土壤氮、磷、钾养分状况选择相应具体基施配方肥。追肥应用水溶肥，定植初期应用氮、磷、钾均衡水溶肥，养分比例为（15～20）-（15～20）-（15～20）；营养生长—坐果应用高氮肥，养分比例为（20～24）-（10～14）-（13～16）；坐果—第一次收获应用高钾肥，养分比例为（16～22）-（6～12）-（16～27）；第一次收获—收获结束应用高钾肥，养分比例为（16～19）-（6～10）-（25～35）。主要果菜推广追施水溶肥养分比例和用量见下表。化肥养分总投入量为氮 22～27 千克/亩、磷 10～13 千克/亩、钾 26～31 千克/亩。

果类作物主推追肥配方与施肥方案

作物名称	施肥阶段	配方（N-P$_2$O$_5$-K$_2$O）	用量 [千克/（亩·次）]	追肥次数
黄瓜	定植初期	20-20-20	5	1
	营养生长—坐果	22-12-16-TE	5	3
	坐果—第一次收获	19-8-27-TE	5	3～5
	第一次收获—收获结束	16-8-34-TE	5	7～9
番茄	定植初期	20-20-20	5	3
	营养生长—坐果	22-12-16-TE	5	4
	坐果—第一次收获	19-6-25-TE	5	4～6
	第一次收获—收获终结	16-6-28-TE	5	10～12
辣椒	定植初期	20-10-20	5	1
	营养生长—坐果	22-12-16-TE	5	2～3
	坐果—第一次收获	22-12-16-TE	5	2～3
	第一次收获—收获终结	19-6-25-TE	5	4～6

5 已推广面积、具体区域、取得成效

2013—2021年在徐州、淮安、盐城、连云港等农业区县开展试验与示范，在设施辣椒、番茄、茄子、西瓜等果类蔬菜上累计推广20.1万亩。在该技术模式下，化肥用量平均减施15.1%，土壤电导率平均降低91.1微西/厘米，有机质含量平均提高3.9克/千克，细菌丰度增加22.5%。果实可溶性固形物和可溶性糖含量显著增加，果实硝酸盐含量显著降低。

6 典型案例材料

6.1 淮安红椒典型案例

2015年在淮安市清江浦区黄码镇大棚红椒应用该技术，常规施肥为底肥50千克/亩复合肥（15-15-15）和3吨/亩鲜牛粪，门椒坐果后和第一次收获后均施用20千克水溶肥（12-5-40）。该技术模式为前茬辣椒秸秆原位高温腐解还田后底肥施用32千克/亩配方肥（20-12-18）、1吨/亩菇渣有机肥和300千克/亩生物活性调理剂，追肥见上表。与常规施肥相比，该技术模式可在肥料减施15.0%的基础上增加10.6%产量，提高pH0.21个单位，增加有机质3.2克/千克，减少土壤盐分含量23.7%，显著增加土壤细菌丰度和改善微生物多样性。

6.2 东海番茄典型案例

2019年在连云港市东海县桃林镇日光温室番茄应用该技术，常规施肥为底肥45千克/亩复合肥（15-15-15）、15千克/亩硫酸钾、20千克/亩磷酸二铵和1.6吨/亩鸡粪稻壳，追肥依次施用10千克/亩水溶肥（20-20-20）两次、12千克/亩水溶肥（15-15-30）三次、12千克/亩水溶肥（15-7-38）三次。该技术模式为前茬番茄秸秆原位高温腐解还田后底肥施用60千克/亩配方肥（20-10-15）、1.6吨/亩中药渣有机肥和400千克/亩生物活性调理剂，追肥见上表。与常规施肥相比，该技术模式可在肥料减施15.7%的基础上增加6.2%产量，提高pH0.28个单位，增加有机质5.9克/千克，减少土壤盐分含量17.8%，显著增加土壤细菌丰度和改善微生物多样性。

7 效益分析

7.1 经济效益

以淮安红椒为例，每亩成本增加830元、效益增加1 100元、净效益增加320元。

成本与效益分析

序号	项目	常规施肥（元/亩）	技术模式（元/亩）	成本与效益增减（元/亩）
1	有机肥	300	450	—150

（续）

序号	项目	常规施肥 （元/亩）	技术模式 （元/亩）	成本与效益增减 （元/亩）
2	调理剂	0	360	−360
3	化肥	460	430	30
4	秸秆原位还田人工	0	200	−200
5	底肥人工	500	400	100
6	追肥人工	100	300	−200
7	辣椒销售额	11 100	12 300	1 100
合计				320

以东海番茄为例，每亩成本增加 1 490 元、效益增加 2 500 元、净效益增加 1 010 元。

成本与效益分析

序号	项目	常规施肥 （元/亩）	技术模式 （元/亩）	成本与效益增减 （元/亩）
1	有机肥	400	720	−320
2	调理剂	0	480	−480
3	化肥	960	950	10
4	秸秆原位还田人工	0	200	−200
5	底肥人工	400	400	0
6	追肥人工	400	900	−500
7	番茄销售额	40 400	42 900	2 500
合计				1 010

7.2 生态和社会效益

苏北设施果菜推广区较以往化肥使用量显著减少，环境氮、磷、钾减排量也显著减少，农业生态环境明显改善；促进了果菜残体无害化处理，带动了周边农业有机废弃物肥料化；显著降低盐分含量、提高土壤有机质、改善土壤生物学性状、缓解土壤酸化，明显改善土壤肥力状况。

（马艳　梁永红　王光飞　颜士敏　仇美华　罗佳　郭德杰　宋修超）

退化耕地障碍因子消除与地力提升技术模式

1 解决的主要问题

当前，由于不合理的种植模式以及养分管理措施，我国耕地质量日益下降，出现了酸化、次生盐渍化、养分失衡、土传病原菌富集、化感自毒物质积累等一系列土壤退化问题，其中以土传病害为主要特征的连作障碍问题日益突出，严重影响作物产量，威胁粮食安全和农产品稳定供应。因此，有效消除土壤障碍因子是退化耕地治理的核心，重塑土壤微生态健康是耕地质量提升和减肥减药增效目标实现的关键。

2 技术原理

强还原土壤生态修复技术（RSD）是在作物种植间隔期，通过施用以秸秆等农业有机废弃物为主要原料制成的产品，灌溉至土壤水分饱和，覆膜2~4周，创造土壤强还原环境，短期内可消除土壤障碍因子、重建健康土壤微生物区系、促进土壤微生态功能改善和耕地质量提升。其原理是在强烈的土壤还原环境下，土著微生物通过厌氧分解有机物料产生有机酸等杀菌物质，杀灭土传病原菌和有害植食性线虫，重建土壤微生物区系；厌氧反硝化去除硝态氮，同化硫酸盐，消除次生盐；土壤氧化性物质还原消耗质子，提高酸化土壤pH；大量有机物质输入提高土壤微生物活性，降解化感自毒物质。

3 适用范围

出现酸化、次生盐渍化、土传病原菌及有害植食性线虫富集等退化特征的设施栽培土壤，或其他具有高附加值的经济作物如中药材、花卉等土壤，且所在区域年内最高温度超过25℃，水源较为充足。

4 操作要点

4.1 强还原土壤生态修复技术操作规程

4.1.1 田块准备

对拟进行土壤修复的田块，首先移除耕层土壤中的植物残渣及石砾，平整土地后在四周做 30 厘米宽的田埂，田埂外开 20 厘米宽、30 厘米深的沟。

田块平整与开沟

4.1.2　施用修复产品与灌水

修复产品根据所用原料可分为固体型和水溶型两大类。若待修复土壤有机质含量较低，且伴有板结等特征，宜采用固体型修复产品；若待修复土壤结构良好，有机质含量较高，则采用固体型和液体型修复产品皆可。对于固体型修复产品，将其均匀铺撒至土壤表面后用旋耕机与耕层土壤混合均匀，灌溉至田间最大持水量；对于水溶型修复产品，将其溶于一定比例的水后通过喷洒使其在耕层土壤均匀分布，并补水至田间最大持水量。固体型和水溶型修复产品的施用量分别为每公顷 15 吨和 6 吨。

施用修复产品（固体类）与旋耕混匀

4.1.3　覆膜

灌水结束后立即覆盖白色不透气的塑料薄膜（厚度＞0.04 毫米）。将无破损的薄膜平摊于土面，薄膜四周放至事先开的沟中用土压实，避免出现任何漏气现象。

覆　膜

4.1.4　揭膜

当昼夜温度稳定且最高温度≥35℃时，覆膜2周即可揭膜；当最高温度为30～35℃时，覆膜3周后可揭膜；当最高温度为25～30℃时，覆膜4周后揭膜即可。揭膜时，避免将未修复的用于压膜或膜外的土壤混入已修复的土壤中，适当晾晒土壤，待其含水量降低至适宜耕作时，对其进行充分翻耕后即可种植。

揭　膜

4.2　注意事项

（1）该技术适宜在夏天高温休闲期间进行操作，避免耽误农时。

（2）该技术对土壤障碍因子的消除效果取决于强还原环境形成的速度、还原强度及强还原环境持续的时间，为此需要尽可能平整土面，充分灌溉，不出现任何细小的漏气点。

（3）若揭膜时发现处理土壤中有杂草生长，则表明薄膜有漏气且修复失败。

5　已推广面积、具体区域、取得成效

该项技术从 2010 年开始在江苏省南京市麒麟门开展试验，2012 开始在海南、浙江、云南、江苏、河南、山东、湖南等省份进行了示范推广，累计应用面积 5 000 余亩。结果表明，RSD 处理能够有效消除酸化、盐渍化、病原菌、化感物质等土壤障碍因子，快速修复因黄瓜、青椒、番茄、芹菜、芥蓝、甜瓜、草莓、百合、洋桔梗、非洲菊等经济作物高频种植引起的耕地质量退化问题，促进作物增产的同时，实现化肥、农药减量增效，保障农业绿色可持续发展。应用该项技术以后，酸化土壤 pH 提高 0.5 个单位，土壤电导率降低至 <250 微西/厘米，土传病原菌数量下降 90% 以上，病害发生率降低 60% 以上，作物产量增加 70% 以上。

6　典型案例材料

云南省红河哈尼族彝族自治州石屏县异龙镇大水村有一个 200 多亩的洋桔梗种植基地，起初洋桔梗生长良好，花农们取得了不错的经济效益，但连续种植三年以后，洋桔梗生长停滞，枯萎病发生率高达 80%，严重地块几乎绝收。经检测，土壤中障碍因子显著富集，其中尖孢镰刀菌的数量达每克干土 1.9×10^7 ITS 拷贝数，硝态氮含量达到 305.8 毫克/千克。为了解决上述土壤退化问题，该基地于 2015 年开始采用 RSD 技术修复洋桔梗栽培土壤，修复后土壤中尖孢镰刀菌数量降低至每克干土 1.1×10^5 ITS 拷贝数，杀菌率高达 99%；硝态氮含量降低至 4.3 毫克/千克。应用该技术 5 年以来，累计为花农增收 1 000 余万元，实现作物秸秆等农业有机废弃物资源化利用 800 多吨，减少杀菌类农药投入 35 吨，并通过实践成功建立了"洋桔梗栽培—RSD 修复—洋桔梗栽培"的现代种植模式，助力高原特色农业绿色可持续发展。

7　效益分析

7.1　经济效益

RSD 技术成本大约为 800 元/亩，包括塑料薄膜 300 元/亩，农业有机废弃物收集、加工（修复产品购买）等 400 元/亩，劳动力成本 100 元/亩。随着处理过程中机械化程度的提高，RSD 技术成本还有下降空间。RSD 修复后，可大幅减少土传病害类农药的使用，节省生产成本。另外，RSD 修复后栽种不同作物产生的经济效益不同，且农产品价格受供需关系的波动较大，下表列举了应用该技术以后不同作物的增产增收情况。总的来说，RSD 技术可带来可观的经济收益。

应用 RSD 技术修复后的增产增收分析

地点	作物	产量增加 (%)	产量增加 [千克/（亩·季）]	产值增加 [元/（亩·季）]
江苏	药芹	79.5	883	4 945
江苏	草莓	22.3	191	5 730
江苏	金花菜	94.8	216	2 320
江苏	香菜	87.0	362	3 073
云南	番茄	35.0	3 580	7 160
云南	芥蓝	332	535	2 408
河南	黄瓜	79.8	6 460	10 336
河南	番茄	31.4	3 140	8 164
浙江	茄子	165.6	2 347	12 204
湖南	龙牙百合	89.5	172	6 892

数据来源：各地应用示范推广过程中收集。

7.2　生态和社会效益

　　该技术可大量消耗秸秆等农业有机废弃物，有效解决秸秆资源化利用难以及处置不当带来的环境污染问题，改善农村生态环境。同时，该技术能够有效消除土壤障碍因子，促进退化耕地地力恢复和提升，激活土壤微生物活性，提高肥料利用率，减少农药投入量，保障农民就业和增产增收，助力农业绿色可持续发展，促进农业产业升级转型。该技术模式的实施和进一步推广将大大提高我国耕地质量，推动我国农业高质量发展，保障粮食安全和重要农产品供给。

（赵军　蔡祖聪　黄新琦　郁洁　陈雅玲）

图书在版编目（CIP）数据

退化耕地治理技术模式/农业农村部农田建设管理司，农业农村部耕地质量监测保护中心编著. —北京：中国农业出版社，2023.12

ISBN 978-7-109-31546-4

Ⅰ.①退⋯ Ⅱ.①农⋯ ②农⋯ Ⅲ.①耕地－土地退化－综合治理－研究－中国 Ⅳ.①F323.211

中国国家版本馆 CIP 数据核字（2023）第 241473 号

退化耕地治理技术模式

TUIHUA GENGDI ZHILI JISHU MOSHI

中国农业出版社出版

地址：北京市朝阳区麦子店街 18 号楼

邮编：100125

责任编辑：魏兆猛

版式设计：王　晨　责任校对：吴丽婷

印刷：北京通州皇家印刷厂

版次：2023 年 12 月第 1 版

印次：2023 年 12 月北京第 1 次印刷

发行：新华书店北京发行所

开本：787mm×1092mm 1/16

印张：15

字数：360 千字

定价：120.00 元